CRITICIDADE E LEITURA

CRITICIDADE E LEITURA
Ensaios

Ezequiel Theodoro da Silva

2ª edição revista e atualizada

São Paulo
2009

© ALB – Associação de Leitura do Brasil, 2007

1ª Edição, Mercado de Letras/ALB 1998
2ª Edição, Global Editora, São Paulo 2009

Diretor Editorial
JEFFERSON L. ALVES

Gerente de Produção
FLÁVIO SAMUEL

Coordenadora Editorial
ANA PAULA RIBEIRO

Assistentes Editoriais
JOÃO REYNALDO DE PAIVA
LUCAS PUNTEL CARRASCO

Revisão
ALESSANDRA BIRAL
LUICY CAETANO

Foto de Capa
MARTHA FORSTER/LATINSTOCK

Projeto de Capa
EDUARDO OKUNO

Editoração Eletrônica
ANTONIO SILVIO LOPES

Dados Internacionais de Catalogação na Publicação (CIP)
(Câmara Brasileira do Livro, SP, Brasil)

Criticidade e leitura : ensaios / Ezequiel Theodoro da Silva.
– São Paulo : Global, 2009 – (Coleção Leitura e Formação)

Bibliografia.
ISBN 978-85-260-1344-5

1. Hábito de leitura 2. Leitura 3. Leitura – Aspectos sociais 4. Pensamento crítico I. Silva, Ezequiel Theodoro da. II. Série.

08-11197   CDD–028.9

Índices para catálogo sistemático:

1. Leitura crítica   028.9

Direitos Reservados

GLOBAL EDITORA E DISTRIBUIDORA LTDA.

Rua Pirapitingui, 111 – Liberdade
CEP 01508-020 – São Paulo – SP
Tel.: (11) 3277-7999 – Fax: (11) 3277-8141
e-mail: global@globaleditora.com.br
www.globaleditora.com.br

Obra atualizada
conforme o
**Novo Acordo
Ortográfico da
Língua
Portuguesa**

Colabore com a produção científica e cultural.
Proibida a reprodução total ou parcial desta obra
sem a autorização do editor.

Nº DE CATÁLOGO: **2992**

CRITICIDADE E LEITURA
Ensaios

Podemos por certo dizer que, maioria em relação aos leitores das gerações precedentes, estes jovens (usuários da linguagem neotelegráfica do correio eletrônico) são minoria em relação aos seis bilhões de habitantes do planeta; nem eu seria idealista a ponto de pensar que às imensas multidões, às quais faltam pão e remédios, a literatura poderia trazer alívio. Mas uma observação eu gostaria de fazer: aqueles desgraçados que, reunidos em bandos sem objetivos, matam jogando pedras dos viadutos ou ateando fogo a uma menina, sejam eles quem forem afinal, não se transformaram no que são porque foram corrompidos pelo newspeak *do computador (nem ao computador eles têm acesso), mas porque restam excluídos do universo do livro e dos lugares onde, através da educação e da discussão, poderiam chegar até eles os ecos de um mundo de valores que chega de e remete a livros.*

(ECO, Umberto. *Sobre a literatura.* Rio de Janeiro: Record, 2003. p. 11-12.)

Com humildade e carinho, quero oferecer esta obra a Paulo Freire. O inesquecível Mestre fez ver, na prática, que existem sim formas alternativas de produzirmos a educação. Fez ver que a crítica somente é possível quando o texto e o contexto formam uma unidade indicotomizável no ato de ler. Fez e eternamente fará sentir que o ato de ensinar está amarrado, feito um nó, aos posicionamentos políticos e filosóficos do professor.

Estendo ainda a minha homenagem ao meu irmão Edson Pedro da Silva, o Pedrinho, cuja bondade sempre extrapolava qualquer limite. Cujo sorriso, pondo à mostra os seus dentes alvos, é uma imagem para sempre gravada na mente de quem com ele conviveu. Tal qual meu irmão mais velho, o Beto, que morreu em 1971, ele partiu para outras esferas bem antes do "combinado". Quando a gente perde referências por ligação de sangue, é como se morrêssemos um pouco também...

SUMÁRIO

Apresentação, *Luiz Percival Leme Britto* 13

Prefácio à 2ª Edição 17

Prefácio à 1ª Edição 21

Capítulo 1: Uma leitura da leitura crítica 23
    1. Leitura crítica e suas fronteiras 23
    2. A criticidade de como elemento básico
    da qualidade da leitura 31

Capítulo 2: Ainda sobre o sem-fim dos livros didáticos 39
    1. Livro didático e qualidade do ensino 39
    2. Livro didático: do ritual de passagem
    à ultrapassagem 51

Capítulo 3: Três desenhos mágicos: conferências 57
    1. Leitura e vida de professor 57
    2. Tijolo com tijolo num desenho
    mágico (alfabetização) 68
    3. Tijolo como tijolo num desenho mágico 80

Capítulo 4: Forrobodó da Leitura: uma passagem
    da desconhecença para a sabença 93

APRESENTAÇÃO

Quando em 1978, o professor Ezequiel idealizou e organizou o 1º Congresso de Leitura do Brasil, a questão da leitura mal se delineava. Havia já, é claro, a ideia de que ler é importante na formação do sujeito, bordão antigo dos segmentos sociais letrados, mas não se tinha ainda estabelecido um campo específico de investigação. Naquele momento, particularmente no caso brasileiro, em que se lutava pela liberdade de expressão, a propagação do livro, qualquer que fosse, revestia-se de um valor político de contestação ímpar. O que estava em questão era o direito de o cidadão ler sem censura.

Criticidade e leitura: ensaios vem à luz num momento em que a conquista da democracia política, com restabelecimento da sociedade de direito, por um lado, e a expansão das linhas editoriais, a multiplicação de produtos impressos e o desenvolvimento das pesquisas na área da leitura, por outro, colocam novos temas para aqueles que, como o professor Ezequiel, desejam uma sociedade solidária e justa: a tarefa que se coloca agora, além da simples insistência na importância do ato de ler, está na democratização do acesso aos bens de cultura que se articulam com a leitura e na constituição de um leitor capaz de perceber e evitar as armadilhas ideológicas do texto, um leitor capaz de, encontrando a autoria do texto que se dá a ler, posicionar-se criticamente diante do outro e, tomando-lhe a palavra, torná-la sua.

A pergunta que cabe fazer, então, é: como se constitui esse novo leitor?

De início, é preciso recusar o viés subjetivista tão frequente nas reflexões e nas campanhas de promoção de leitura e pensar o leitor não como um sujeito desarraigado de sua condição de classe, que encontra na leitura uma forma de redenção individual, mas sim como um ato coletivo e social, como ação política. Para Ezequiel (p. 31),

> Numa sociedade como a nossa, onde se assiste à barbárie, a presença de leitores críticos é uma necessidade imediata, de modo que os processos de leitura e os processos de ensino da leitura possam estar diretamente vinculados a um projeto de transformação social.

A concepção redentora individual da leitura articula-se com uma visão de sociedade em que o sucesso e o insucesso são sempre creditados aos sujeitos particulares, escamoteando-se o caráter excludente e discriminador da sociedade capitalista. Sabemos bem, contudo, que a leitura se faz em função da manipulação de sistemas específicos de referência e interpretação, sistemas constituídos histórico-socialmente e que estipulam, de modo que é razoável postular que, em certa dimensão, a leitura é característica dos segmentos sociais que dispõem de condição socioeconômica privilegiada; portanto, um indivíduo que tenha, a partir de sua condição econômica, acesso aos bens de cultura socialmente valorizados pode ser considerado "leitor" mesmo que não tenha o "hábito de ler".

A tese de que, pela leitura, pode-se ascender socialmente não é apenas enganadora, como, e principalmente, reforça o preconceito político e social contra os segmentos sociais marginalizados. Trata-se de um processo muito semelhante ao que se faz com relação à defesa da chamada norma culta: depreciam-se as formas de expressão populares, caracterizando-as como erradas ou inadequadas para o uso universal e inculca-se nas pessoas a ideia de que elas poderão ter mais sucesso social se vierem a falar como fala a elite. Em outras palavras, convida-se o sujeito pobre não para que lute para acabar com a pobreza, mas para que se esforce para deixar de ser pobre, aderindo a valores e a um modo de vida diferentes dos seus. A língua e a literatura tornam-se, assim, instrumentos estratégicos na perpetuação da pobreza e da dominação.

Não estou, obviamente, negando a importância do domínio das formas de expressão escrita na formação intelectual do sujeito. Ao contrário, o que defendo – como fazem o professor Ezequiel e Paulo Freire, a quem ele, não por acaso, dedica este livro – é que uma concepção crítica da leitura, compreendida como

Apresentação

prática social, passa necessariamente pela denúncia radical da desigualdade social e das formas de escamoteamento ideológico dessa desigualdade.

Não é fácil a construção desse leitor crítico. O modo de produção e o consumo capitalista fundamentam-se num espírito competitivo e antissolidário, na acumulação desenfreada do capital e do poder. A indústria do entretenimento pasteuriza os valores, transformando tudo, inclusive os comportamentos, em mercadoria. A globalização, mais do que aproximar os povos e as culturas, tem reforçado a lógica perversa de exclusão e a negação das saídas coletivas e utópicas. Não há dúvida: o leitor crítico (que não necessariamente coincide com o intelectual erudito) não interessa à ordem estabelecida.

Daí porque é tão firme a crítica de Ezequiel à concepção ingênua e idealizadora de leitura (p. 23):

> [...] A criticidade, como um emblema da cidadania e um valor atitudinal, é trabalhada ideologicamente por aqueles que detêm o poder econômico e político. Isso porque a conservação e a reprodução dos esquemas de privilégio dependem, fundamentalmente, da ignorância e do conformismo, aqui tomados como formas de escravização da consciência. Daí que a presença de sujeitos críticos e, por extensão, de leitores críticos seja incômoda, seja tomada como um risco aos detentores do poder.

Daí porque as palavras de Ezequiel para aquele que tem a função de formar cidadãos sejam de inconformismo e de defesa da rebeldia – o professor deve (p. 64):

> Ser um rebelde bem fundamentado teoricamente e astuto politicamente. Lutar incessantemente pela horizontalização das relações na escola. Estudar e saber de onde vem o poder dos superiores. Lembrar sempre que, entre as funções do professor, está aquela de ser um militante da mudança; nesse caso, militância significa saber organizar seus pares na direção de uma nova sociabilidade – uma sociabilidade democrática e ética [...].

Enfim, se o que queremos é uma sociedade que, mais do que leitora, funde-se na justiça e na solidariedade, temos, assumindo ser do contra – contra a ordem social injusta, contra a mentira e a falsificação ideológica, contra a violência e a barbárie –, que insistir nos versos do poeta Drummond, lembrados por Ezequiel: *"chegou um tempo em que a vida é uma ordem. A vida apenas, sem mistificação."*

Luiz Percival Leme Britto

PREFÁCIO À 2ª EDIÇÃO

Escrito em 1998 – e lá se vão passados onze anos! –, este livro foi muito provavelmente lido por diferentes destinatários em vários pontos do País. Esgotada a primeira edição, houve quem reclamasse do desaparecimento da obra nas prateleiras das livrarias. "Ezequiel, onde posso encontrar aquele livro seu sobre leitura crítica? Adotei para as minhas turmas e os estudantes estão malucos atrás dele!" – recebi diversos e-mails e vários telefonemas com esse tipo de mensagem que, ao mesmo tempo, enaltecia a importância de *Criticidade e leitura*: ensaios e reforçava a necessidade da sua disponibilidade para mais leitores no correr do tempo.

Refleti muito sobre a continuidade das edições no horizonte do contexto geral dos problemas educacionais da sociedade brasileira. Rapidamente, concluí que as reflexões contidas neste livro permanecem oportunas. Ou melhor: elas se tornaram ainda *mais oportunas* e *pertinentes* e *aplicáveis* em função do tenebroso panorama social do País durante os últimos governos, com escândalos políticos imensos e, a seu lado, um crescimento exponencial da mentira entre as nossas instituições maiores e menores. Esse panorama de feiura impõe a criticidade dos cidadãos e a dinamização da leitura crítica de modo que as pessoas não passem por bobas o tempo todo, de modo que as escolas não sejam coniventes com a mediocridade e a desfaçatez generalizadas.

Neste momento histórico, quando as falas e as escritas das autoridades sempre aparecem tingidas de falsidade, as posturas reflexivas e críticas devem ser colocadas em prática para desvelar os fatos e as intenções subjacentes aos discursos em circulação na sociedade. Sem competências críticas de leitura e sem perceber que elas são imprescindíveis para a denúncia e para os contrapontos dialéticos, a pessoa poderá naufragar no mar de besteiras, contentando-se em apenas "lamber" superficialmente a razão de ser dos fatos sociais ou, mais abrangentemente, os motivos tão pequenos ou tão banais que atualmente movimentam a vida do povo brasileiro.

Sempre acreditei na força transformadora da educação; em contrapartida, sempre critiquei, com veemência, as posições que colocam os professores como reprodutores do *status quo*. Ou seja: quando a sociedade vai mal das pernas e as suas contradições se aguçam, à escola e aos professores cabem a elucidação objetiva dos problemas sociais, a crítica aos comportamentos e costumes vigentes, a denúncia dos erros e desmandos, a defesa incontinente da ética, a revisão do quadro de valores etc. – em todas essas finalidades, está presente a criticidade, aqui tomada como uma capacidade amalgamadora dos atos de analisar, apreciar e julgar. Daí que a escola, via projetos político-pedagógicos, não possa jamais se esquecer de inserir a leitura crítica como uma prática a ser orientada e exercida em todas disciplinas do seu currículo.

Esta segunda edição foi revista e atualizada. Retomei com carinho e cuidado todos os capítulos, consertando alguns descuidos de digitação, reajustando nomenclaturas e atualizando datas. Também inseri, no Capítulo 4, o texto da conferência "Forrobodó da Leitura: uma passagem da desconhecença para a sabença", com que encerrei o 14º Congresso de Leitura do Brasil (Cole) no ano de 2003. Assim resolvi fazer porque esse texto, além de simbolizar a minha participação nos Coles desde o primeiro, realizado em Campinas em 1978, é uma mescla da cultura brasileira, da qual sou produto e representante.

O meu sonho por um Brasil de leitores e de muitas leituras permanece firme e forte. Cada vez que em minha vida surgem oscilações e decepções por perceber as burradas sendo feitas, encontro energias para revitalizar os meus estados de ânimo e continuar na luta. Este livro, agora em segunda edição, é mais um instrumento dessa luta – com ele, ao lado de outros textos sobre outros tantos aspectos da leitura, sinto-me mais fortalecido para propor as mudanças que entendo necessárias à conquista do direito que todos

PREFÁCIO À 2ª EDIÇÃO

temos de convivência com a palavra escrita e de praticarmos a leitura em nossa vida pelo acesso desimpedido e contínuo aos livros.

Ezequiel Theodoro da Silva
Campinas, janeiro de 2009

PREFÁCIO À 1ª EDIÇÃO

Apesar de muitas asneiras cometidas na esfera da educação brasileira, ainda mantenho vivo o meu velho – mas não esclerosado – sonho por um país de leitores, com um povo leitor. Como o querido mestre Paulo Freire sempre pensou e defendeu, sou levado também a crer que o homem não é movido em sua existência apenas pelo conhecimento, mas fundamentalmente pela esperança. Em mim e para mim, professor-trabalhador, a esperança não morre nunca!

Dentro do meu jeito dialético de ser, tenho cá comigo as minhas fases de profunda tristeza. Elas são resultado, sem dúvida, das leituras que faço do panorama político nacional. É impossível não se entristecer com o galopante aumento da miséria, da barbárie e da exclusão social por essas terras. É duro ver tanta gente cruzando os braços, cooptando e/ou deixando-se engolir pelas ondas maquiavélicas da ideologia neoliberal. Mais difícil ainda é sentir que as políticas educacionais não contemplam problemas concretos e muito menos as necessidades reais da nossa realidade.

Mas o sentimento de tristeza, embora sufocante em termos sociais, não consegue aniquilar os meus momentos de alegria. Nem poderia, em função dos suportes da esperança solidamente fincados no meu ser e nas minhas rodas de trabalho. Alegria de encontrar muita gente disposta a resistir e construir alternativas aos absurdos que estão aí, no Brasil e no mundo. Alegria de poder reforçar os meus posicionamentos por meio do olhar e da voz de outros intelectuais que comungam comigo a possibilidade de construção de outros rumos para a escola brasileira.

Tomo a coragem de publicar mais uma coletânea de ensaios, agora tematizando a relação entre a criticidade e a leitura. Com exceção do primeiro texto, especialmente elaborado para este livro, todos os demais nasceram de conferências ou palestras para as quais fui convidado. Dessa forma, a pertinência deste trabalho está diretamente vinculada àquilo que os organizadores dos eventos sentiram como necessário ser ouvido, discutido e debatido. Eis aqui outro motivo de alegria e felicidade: saber que, nos contextos onde fiz as intervenções, os professores desejavam refletir questões voltadas a aspectos críticos das práticas de leitura.

Independentemente da origem destes ensaios e dos meus compromissos coletivos, percebo a leitura crítica como vital aos modos de se produzir ensino-aprendizagem nas escolas brasileiras e aos modos de participação democrática em sociedade. Bem objetiva e rasteiramente falando, o besteirol e a mediocridade correm soltos nos nossos meios educacionais e há que se colocar um basta nas dinâmicas idiotizantes. A criticidade pode não operar milagres nem revoluções da noite para o dia, mas ela pode levar o sujeito a enxergar o avesso das coisas. Pode ser um contraponto ou um escudo aos mecanismos de alienação. Pode desnudar a mentira, recolocando o leitor nos trilhos da objetividade dos fatos. Pode, enfim, gerar conflitos.

Quem escreve sempre tem a esperança de ser lido. No caso deste livro, eu não queria ser apenas lido e entendido. Nem queria que as ideias aqui tecidas fossem apenas refletidas e debatidas. A minha esperança vai um pouco mais além: eu queria que os professores, ao revitalizar seu potencial de criticidade, barrassem de vez o avanço da ignorância e da estupidez nos seus contextos de atuação. Esticando um pouco mais essa mesma esperança, eu queria que os professores abrissem e consolidassem espaços de leitura crítica em todas as escolas e nos diversos espaços culturais deste País.

Eu queria assim, pois, se não for assim – pela crítica aplicada ao pensamento-ação –, vai ser muito difícil, senão intransponível, recuperar nossa dignidade como profissionais da educação e recolocar as escolas em cima dos trilhos de onde elas nunca deveriam ter saído.

Ezequiel Theodoro da Silva

Capítulo 1: Uma leitura da leitura crítica

1. Leitura crítica e suas fronteiras

Da necessidade e importância da leitura crítica

Para explicitarmos a necessidade e a importância da leitura crítica, precisamos, antes de mais nada, centrar nosso olhar e nossa atenção sobre a realidade social brasileira, buscando o desvelamento dos seus modos de convivência, existência e sobrevivência. Isto porque a leitura, nas suas diferentes formas e configurações, cumpre propósitos e finalidades de comunicação entre os homens que interagem em sociedades específicas. Daí dizermos que a leitura é uma *prática social* e, por isso mesmo, condicionada historicamente pelos modos da organização e da produção da existência, pelos valores preponderantes e pelas dinâmicas da circulação da cultura.

O capitalismo, como processo civilizatório e modo de produção, traz no seu bojo uma série de contradições, entre as quais se destacam: a dominação de uma classe sobre a outra e a inculcação da visão de mundo da classe dominante por meio da propaganda ideológica em todas as esferas sociais. Neste início do terceiro milênio, o capitalismo consegue a sua reorganização por meio da circulação, em nível mundial, dos valores neoliberais, que produzem efeitos drásticos nas populações oprimidas do Terceiro Mundo.

Nos idos de 1983, logo no início do processo de redemocratização do Brasil, afirmávamos que:

> A caracterização da leitura como sendo uma atividade de questionamento, conscientização e liberação gera uma série de implicações, principalmente quando a vinculamos com organizações sociais específicas e concretas. É preciso saber [...] se a organização social, onde a leitura aparece e se localiza, dificulta ou facilita o surgimento de homens-leitores críticos e transformadores. É preciso saber, ainda, se uma sociedade, através dos seus organismos dirigentes, concebe a leitura como uma atividade destinada à realização e ao bem-estar do povo ou como uma atividade que impede o surgimento da consciência e da racionalidade. É preciso saber, enfim, se o objeto da leitura (livro ou similar) circula democraticamente numa sociedade de modo a permitir sua fruição por parte dos homens que constituem essa sociedade. Tais necessidades revelam que o problema da leitura não se desvincula de outros problemas enraizados na estrutura social: é praticamente impossível discutir as vivências ou carências da leitura de um indivíduo sem situá-lo dentro das contradições presentes na sociedade onde ele vive.[1]

A ditadura acabou. O Brasil se redemocratizou. Muita coisa mudou. Porém as estruturas que reproduzem as injustiças sociais não se modificaram quase nada! Em decorrência disso e com a liberdade de imprensa, as contradições tornam-se cada vez mais visíveis e agudizadas, colocando no horizonte a necessidade de sínteses superadoras do *status quo*. É exatamente dentro do quadro de contradições da sociedade brasileira que a leitura crítica encontra seu significado primeiro. Vista de outra forma, a leitura crítica encontra a principal razão de ser nas lutas em direção à transformação da realidade brasileira, levando o cidadão a compreender as raízes históricas das contradições e a buscar, pela ação concreta, uma sociedade em que os benefícios do trabalho produtivo e, portanto, da riqueza nacional não sejam privilégios de uma minoria.

---

1 SILVA, Ezequiel Theodoro da. *Leitura e realidade brasileira*. 5. ed. Porto Alegre: Mercado Aberto, 1997. p. 46-47.

Vale ressaltar que a *criticidade*, como um emblema da cidadania e um valor atitudinal, é trabalhada ideologicamente por aqueles que detêm o poder econômico e político. Isso porque a conservação e a reprodução dos esquemas de privilégio dependem, fundamentalmente, da ignorância e do conformismo, aqui tomados como formas de escravização da consciência. Daí que a presença de sujeitos críticos e, por extensão, de leitores críticos seja incômoda, seja tomada como um risco aos detentores do poder. Não é de estranhar, portanto, que características como a docilidade, a ingenuidade e a cordialidade sejam consideradas as grandes virtudes do homem brasileiro – isto tudo para bloquear e controlar o surgimento da contestação e do questionamento sobre a razão de ser das estruturas da dominação. Outrossim, é comum no cotidiano social a divisão preconceituosa entre crítica positiva (construtiva) e crítica negativa (destrutiva), havendo o enaltecimento da primeira em detrimento da segunda. Havemos de lembrar que, em termos de lógica dialética, a visão de mundo dos dominantes e os argumentos que a sustentam devem ser combatidos e destruídos com o intuito de fazer nascer uma outra, com outros fundamentos, em seu lugar.

Explicitada a necessidade maior das práticas de leitura crítica na dinâmica da sociedade brasileira, convém agora pormenorizar seu valor e sua importância em referência ao trabalho pedagógico. Tal pormenorização será feita por meio de tópicos específicos (a seguir), trazendo à baila aspectos do contexto escolar e, dentro dele, das relações de ensino.

A escrita não é infalível

Os conteúdos transmitidos, reproduzidos ou produzidos pela escola são geralmente apresentados por meio de suportes escritos (impressos em livros, apostilas, folhetos etc., manuscritos ou virtuais). Existe, indiscutivelmente, uma íntima relação entre o trabalho pedagógico e as práticas ou dinâmicas exclusivas do mundo da escrita. As demais linguagens – oral, imagética, sonora etc. – sem dúvida também são acionadas nas múltiplas operacionalizações do processo de ensino-aprendizagem; entretanto, considerando a infraestrutura pedagógica da grande maioria das escolas brasileiras, essas linguagens são coadjuvantes à escrita e muito dificilmente colocam em risco a sua hegemonia nos contextos formais de escolarização.

O vínculo entre a escola e a escrita torna-se problemático quando esta é tomada como expressão da "verdade", como signo infalível ao mencionar os referenciais que veicula. A perspectiva que prevalece no imaginário social é a de que os escritos oferecidos na instituição "escola" são sempre objetivos e não passíveis de questionamento ou dúvida. Resulta daí a recepção passiva e reprodutora dos textos, que tem como sustentáculo uma visão de escola *transmissora de informações*, como se os escritos privilegiados pelos professores não pudessem ser objetos de crítica.

Ora, várias pesquisas nacionais[2] mostram que até mesmo os *livros didáticos* contêm múltiplos tipos de inconsistências e, portanto, não são tão confiáveis ou infalíveis assim. Além disso, a escrita, como qualquer outro meio de comunicação numa sociedade dividida em classes, pode servir a propósitos de alienação ou de emancipação/libertação. Dessa forma, reforça-se ainda mais a necessidade das práticas de leitura crítica nas escolas, principalmente aquelas voltadas ao desmascaramento da ideologia e à análise dos referenciais de mundo, conforme evocados pelos textos das várias disciplinas do currículo. Não fazer isto pode significar a manutenção *ad infinitum* da consciência ingênua dos professores e estudantes; e pior, pode significar, em longo prazo, um embotamento ou congelamento da capacidade crítica pela ausência de espaços concretos para colocá-la em prática.

O leitor seletivo: uma necessidade do presente

Não há como negar a existência do fenômeno da explosão de informações neste início de milênio. Aos suportes impressos, somaram-se os suportes eletrônicos da comunicação, fazendo aumentar excepcionalmente a circulação da escrita nas sociedades letradas. Com esse crescimento e perante a verdadeira avalanche cotidiana de materiais escritos, o julgamento sobre a qualidade desses materiais, orientando os processos de seleção para o uso objetivo do tempo, impõe-se como uma necessidade concreta e irrefutável.

---

2 Cf. FARIA, Ana Lucia G. de. *Ideologia no livro didático*. 3. ed. São Paulo: Cortez e Autores Associados, 1985. NOSELLA, Maria de Lourdes C. *As belas mentiras*. São Paulo: Cortez e Moraes, 1979.

A seletividade, além de orientar e incrementar a leitura crítica, está intimamente relacionada ao desenvolvimento do gosto e, por extensão, à própria maturidade do leitor. O amálgama *criticidade-gosto-maturidade* significa, nada mais, nada menos, que uma postura do sujeito diante da diversidade e multiplicidade de textos que circulam nos diferentes canais do universo da escrita.

Como uma instituição imersa na sociedade e com esta se relacionando dinamicamente, a escola não está imune ao *boom* de informações impressas e virtuais. Livros (didáticos, paradidáticos, de literatura), jornais, revistas, apostilas, folhetos etc. atingem intensamente o cotidiano de professores e estudantes, tornando imperativo o desenvolvimento de critérios de julgamento, discriminação e seleção. Como lembra Wolf: "Caso queiramos que os alunos [...] se transformem em cidadãos críticos, capazes de avaliar criticamente as ideias de um número cada vez maior de materiais para leitura, precisamos ensiná-los a ler criticamente".[3]

Ainda com base na discussão desse tópico, convém lembrar que, na sociedade de consumo, a linguagem escrita cumpre propósitos de persuasão para efeito de publicidade e propaganda. Nessas esferas, as agências criam mensagens apelativas para acionar as ações de compra pelos consumidores. Daí, mais uma vez, a necessidade de leituras críticas, que levem o leitor ao exame rigoroso e criterioso desse tipo específico de mensagens, de modo a não cair em engodos irreparáveis. O velho ditado: "comprar gato por lebre", sinalizando seus perigos pelos efeitos da ignorância ou desatenção, corrobora ainda mais fortemente a necessidade de assumir atitudes críticas em relação aos textos publicitários.

Um basta ao conformismo em leitura

Ainda que muitas escolas brasileiras explicitem objetivos educacionais voltados à formação do cidadão, são raras aquelas que organizam e implementam ações direcionadas ao aguçamento da criticidade dos estudantes.

---

3   WOLF, Willaneve. A dimensão lógica da leitura crítica. In: DAWSON, Mildred. A. (Org.). *Desenvolvimento da compreensão*. Incluindo a leitura crítica. Delaware: IRA, 1971. p. 166.

Cumpre lembrar que cidadania e criticidade são termos indicotomizáveis, a menos que o primeiro termo (cidadania) seja pensando ao estilo burguês, como sinônimo de obediência e docilidade quanto à forma prevalecente de organização das relações sociais.

Conforme categorização elaborada por Habermas,[4] o conhecimento crítico volta-se ao desocultamento das condições de opressão e dominação social. Por extensão, a leitura crítica movimenta-se sempre no horizonte do bom senso, busca e detecta o cerne das contradições da realidade. Dessa forma, pela leitura crítica, o sujeito abala o mundo das certezas (principalmente as da classe dominante), elabora e dinamiza conflitos, organiza novas sínteses; enfim, combate assiduamente qualquer tipo de conformismo, qualquer tipo de escravização às ideias referidas pelos textos.

Assim caracterizada a leitura crítica, torna-se importante uma análise das suas possibilidades nas relações de ensino, na esfera da educação escolarizada. Outrossim, nunca é demais relembrar a destinação social escolar e, dentro dela, do trabalho docente: o ensino da leitura crítica vincula-se, necessariamente, a uma concepção progressista de escola, a uma concepção criativa de linguagem e a uma concepção libertadora de ensino. Daí a necessidade de uma discussão coletiva (isto é, do coletivo escolar) a respeito da política e da filosofia que embasam/sustentam as ações da escola.

* * *

Em sociedade, são múltiplos e diversificados os usos da leitura. Lê-se para conhecer. Lê-se para ficar informado. Lê-se para aprimorar a sensibilidade estética. Lê-se para fantasiar e imaginar. Lê-se para resolver problemas. E lê-se também para criticar e, dessa forma, desenvolver um posicionamento diante dos fatos e das ideias que circulam por meio dos textos.

As competências de leitura crítica não aparecem automaticamente: precisam ser ensinadas, incentivadas e dinamizadas pelas escolas para que os estudantes, desde as séries iniciais, desenvolvam atitudes de questionamento

---

4 HABERMAS, Jürgen apud SANTOS FILHO, José Camilo; GAMBOA, Silvio Sanchez. *Pesquisa educacional:* quantidade-qualidade. São Paulo: Cortez, 1995. p. 13-59.

perante os materiais escritos. Uma democracia, no fundo, assinala a possibilidade de convivência com diferentes pontos de vista, com diferentes convicções. Daí que, sem criticidade e sem espaço para a prática da criticidade, fica impossível analisar os pontos de vista e as convicções em circulação para que o leitor-cidadão possa defendê-los ou questioná-los ou então desenvolver outros mais viáveis e objetivos.

Uma caracterização das competências do leitor crítico

Se for certo afirmar que uma das principais finalidades da ciência é a busca incessante da verdade, se for correto afirmar que uma das mais relevantes funções da escola é a socialização do saber epistêmico, se for coerente asseverar que a circulação desse saber se faz principalmente pela escrita, então poderá ser estabelecido que a leitura crítica está intimamente relacionada às ações inquiridoras do leitor em relação à razão de ser e à verdade dos fatos (ou ideias), conforme apresentados em diferentes artefatos da linguagem escrita.

Segundo Quaintance

O leitor crítico sabe que seu atual repertório de informações é confiável porque é submetido a constantes avaliações. Também sabe o valor relativo de cada elemento da sua hierarquia de valores. Ele está consciente dos conceitos que são estrelas e constelações a guiar a sua vida, dos conceitos que são satélites dependentes, dos conceitos que são apenas meteoros de breve intensidade.[5]

Nesta colocação, está implícita a ideia de avaliação das ideias dos textos com os quais o leitor interage, bem como a *autoavaliação*, em um horizonte de amadurecimento contínuo do leitor. Daí pode-se afirmar que o leitor crítico, nos seus projetos de interlocução com materiais escritos, *analisa* e *examina* as

---

5   QUAINTANCE, Brother William J. Leitura crítica, como se existisse qualquer outro tipo possível. In: DAWSON, Mildred A. (Org). *Desenvolvimento da compreensão*. Incluindo a leitura crítica. Delaware: IRA, 1971. p. 171.

evidências apresentadas, e, à luz dessa análise, julga-se criteriosamente a si mesmo para chegar a um *posicionamento* diante deles.

O percurso crítico do leitor é sustentado pela *suspeita* (aqui tomada como uma virtude) diante dos múltiplos temas dos textos em circulação e por uma aguda *sensibilidade* para os aspectos da organização da linguagem escrita; dessa forma, ainda que, por exemplo, um editorial (de jornal, de revista etc.) seja um veículo mais propício à estruturação de argumentos e pontos de vista, há que se lembrar que visões de mundo e análise de realidade e/ou defesas de convicção podem ser encontradas numa diversidade de veículos ou tipos diferenciados de artefatos de linguagem. Mais especificamente, uma argumentação, como processo, pode também ser produzida por meio de narrações, descrições e/ou dissertações, dependendo do contexto referido pelo texto, pelo contexto do próprio leitor ou pela necessária junção de ambos, conforme o(s) propósito(s) que orienta(m) a interlocução da leitura.

Além da sensibilidade e da capacidade de julgamento, o leitor crítico não se descuida de, em frente aos textos, *refletir* e *transformar* as ideias por ele produzidas. Daí ser importante lembrar que

> A leitura crítica sempre leva à produção ou à construção de um outro texto: o texto do próprio leitor. [...] a leitura crítica sempre gera expressão: o desvelamento do SER do leitor. Assim, esse tipo de leitura é muito mais do que um simples processo de apropriação de significado; a leitura crítica deve ser caracterizada como um PROJETO, pois concretiza-se numa proposta pensada pelo ser-no-mundo [...].[6]

É certo que esse PROJETO-PROPOSTA, para ser produzido e expresso, envolve uma dinâmica específica do repertório do leitor, orientada que está para o escrutínio dos aspectos inerentes ao texto (autor, conteúdo, estilo, tipo de organização etc.), para a análise comparativa com outros textos sobre o assunto e para o desenvolvimento de novas relações, associações ou combinações de ideias. Todas essas ações subjacentes ao trabalho de interlocução do leitor crítico podem ser amalgamadas em um único conceito, qual seja o de POSICIONAMENTO.

---

6 SILVA, Ezequiel Theodoro da. *O ato de ler.* Fundamentos psicológicos para uma nova pedagogia da leitura. 5. ed. São Paulo: Cortez, 1991. p. 81.

Convém mais uma vez lembrar que o desenvolvimento e o aprimoramento das competências em leitura crítica estão condicionados ao tipo de atmosfera que prevalece nos contextos escolares. Caso o professor não construa em sala de aula uma atmosfera de confiança e abertura que alimente a discussão e o debate, muito dificilmente aquelas competências poderão ser praticadas pelo coletivo dos estudantes. De fato, existe uma relação indissolúvel entre a leitura crítica e a escola problematizadora – uma escola que põe em questão os temas no seu currículo e que, de nenhuma forma, bloqueia o surgimento de conflitos ou a defesa de convicções em todos os seus níveis e instâncias. Ambientes permeados pelo autoritarismo institucional, verticalidade comunicacional e/ou censura comportamental não promovem jamais o desenvolvimento das competências críticas dos leitores.

Após saber que as atitudes de inquérito e exame dos fatos dependem, para seu refinamento, de análises construtivas por parte do leitor, é imprescindível que as escolas, por meio das disciplinas do currículo, ofereçam aos estudantes uma variedade de fontes de informação a respeito dos assuntos estudados. O conhecimento e o aprofundamento de diferentes interpretações ou versões sobre um mesmo tema, conforme apresentados em diferentes textos, assumem importância vital no processo de formação do leitor crítico à medida que lhe permitem comparações e julgamentos das ideias veiculadas por fontes diversas devidamente pesquisadas e analisadas no transcorrer de um curso. Ensinar a ler criticamente significa, antes de tudo, dinamizar situações de análise dos dois lados de uma moeda ou, se quiser, os múltiplos lugares ideológico-discursivos que orientam as vozes dos escritores na produção de seus textos.

2. A criticidade como elemento básico da qualidade da leitura[7]

Para caracterizar, logo de saída, a principal conduta do leitor crítico, recuperamos um trecho do conto "A aventura de um automobilista", do escritor italiano Ítalo Calvino. Esse trecho diz o seguinte:

---

7 Palestra apresentada no VII Encontro de Professores e Jornalistas, organizada pelo jornal *Correio Popular*. Campinas, 26 fev. 1997.

Para dirigir à noite até os olhos precisam como que retirar um dispositivo que carregam e acender outro, porque não têm que se esforçar para distinguir entre as sombras e as cores atenuadas da paisagem noturna a manchinha dos carros longínquos que venham de encontro ou que precedam, mas têm que controlar uma espécie de lousa negra que pede uma leitura diferente, mais precisa porém simplificada, dado que o escuro apaga todos os detalhes do quadro que poderiam distrair e põe em evidência apenas os elementos indispensáveis, linhas brancas no asfalto, luzes amarelas dos faróis e pontinhos vermelhos. É um processo que acontece automaticamente, e se esta noite eu dei para pensar a respeito é porque agora que as possibilidades externas de distração diminuem as internas em mim assumem o leme, meus pensamentos correm por conta própria num circuito de alternativas e de dúvidas que não consigo desligar, em suma, tenho que fazer um esforço particular para me concentrar na direção.[8]

Quem já dirigiu um carro à noite talvez possa sentir e comprovar a acuidade com que Ítalo Calvino descreve esse tipo de experiência. E nós pegamos carona nesse automóvel, nessa descrição tão bem elaborada, para dizer que o leitor crítico – *principalmente o leitor crítico para o Brasil ou que o Brasil realmente necessita nos dias de hoje* – pode ser comparado a esse motorista dirigindo à noite e discriminando, distinguindo sinais entre sombras com olhos bem abertos, precisos, concentrados, que aprenderam a evitar os perigos para não perder a direção.

De fato, estamos vivendo numa sociedade em que as distrações (ou desatenções, ou irreflexões, ou inadvertências) podem ocorrer a todo instante nos circuitos de circulação dos sentidos, nos diferentes meios de comunicação, nas diferentes linguagens sociais. Em um cenário de muitas sombras e escuridões, próprio das sociedades conservadoras nas quais poucos detêm o poder e gozam de privilégios, a ideologia dominante quer fazer a mentira parecer verdade, quer distorcer o real e, como decorrência, quer suprimir a objetividade dos fatos. Daí a existência das múltiplas formas de manipulação, exclusão e dependência em

---

8   CALVINO, Ítalo. A aventura de um automobilista: In: *Os amores difíceis*. Tradução de Raquel Ramalhete. São Paulo: Companhia das Letras, 1992. p. 139.

todos os cantos e recantos deste País, fazendo multiplicar, bem diante dos nossos olhos, seja de carro, seja a pé, seja de dia, seja à noite, "[...] os trabalhadores sem trabalho, os estudantes sem estudo, os cidadãos sem cidadania".[9]

Ler um texto criticamente é raciocinar sobre os referenciais de realidade desse texto, examinando cuidadosa e criteriosamente os seus fundamentos. Trata-se de um trabalho que exige lentes diferentes das habituais, além de retinas sensibilizadas e dirigidas para a compreensão profunda e abrangente dos fatos sociais. Numa sociedade como a nossa, onde se assiste à barbárie, a presença de leitores críticos é uma necessidade imediata, de modo que os processos de leitura e os processos de ensino da leitura possam estar diretamente vinculados a um projeto de transformação social. Leitores ingênuos, pessoas impassíveis diante das condições sociais e acostumadas à ótica convencional de perceber os fatos, muito provavelmente permanecem felizes em exercer a sua cidadania "de meia-tigela", a bem daqueles poucos que detêm os privilégios.

Em um contexto social tão constrangedor – de novos costumes ditados pela mídia ou pelos discursos sazonais do poder, mas mantendo sempre as desigualdades de base, cristalizadas historicamente –, tendemos ao chamado *vazio cultural*.[10] Aqui, como lembra a professora Sonia Kramer,

> [...] as palavras são uniformizadas, têm vários sentidos congelados ou são deixadas sem nenhum. Importa cada vez menos o conhecimento e cada vez mais a informação, menos a compreensão e mais os fatos, as notícias. Penetrando nas mais diversas modalidades da linguagem –, na jornalística, na política, na da televisão, na pedagógica, na linguagem comum – tal esvaziamento da linguagem elimina a expressão e afasta quem pronuncia as palavras do assunto que pretende discutir, como as máquinas alienam cada vez mais o trabalhador de sua produção ou tal como, no dia-a-dia, os aparatos tecnológicos nos distanciam daquilo de que buscamos nos aproximar, compreender.[11]

---

9 LINHARES, Célia F. S. Trabalhadores sem trabalho e seus professores: um desafio para a função docente. In: ALVES, Nilda (Org.). *Formação de professores:* pensar e fazer. São Paulo: Cortez, 1992. p. 9.

10 KRAMER, Sonia. Pão e ouro: burocratizamos a nossa escrita? In: BIANCHETTI, Lucídio (Org.). *Trama e texto:* leitura crítica. Escrita criativa. São Paulo: Plexus, 1996. p. 170.

11 KRAMER, Sonia., op. cit., p. 171.

O esvaziamento e a uniformização da linguagem, a pobreza discursiva em várias manifestações sociais indicam nada mais do que o esvaziamento e a inércia do pensamento no território brasileiro. Nesse caso, então, ler criticamente significa "questionar as evidências"[12] a fim de rechaçar a lógica da dubiedade que prepondera em sociedade, agindo para enxergar, com lucidez, os dois lados de uma moeda, as diversas dimensões de um problema, as múltiplas camadas de significação de um texto. Parodiando Caetano Veloso, "ser um leitor crítico é desfiar e refiar o avesso de um texto no sentido de chegar às suas entranhas". E chegar às entranhas de um texto é, ao mesmo tempo, penetrar nas entranhas dos fenômenos da realidade à medida que mundo e linguagem não são entidades separadas. Em suma, o leitor crítico tem sempre como norte (como um propósito implícito ou explícito ao longo dessa atividade específica de leitura) chegar a um posicionamento, combatendo a simplificação ou a superficialização da realidade via discursos que a representam.

As teorias clássicas na área da leitura explicitam três posturas distintas para um leitor na sua interação com os textos: o *ler as linhas*, o *ler nas entrelinhas* e o *ler para além das linhas*. Acreditamos que é exatamente esta terceira postura, a de ler para além das linhas, que melhor caracteriza o trabalho de interlocução de um leitor crítico. A ele interessa ir além do reconhecimento de uma informação; ir além das interpretações de uma mensagem. Ir além, nesse caso, significa adentrar um texto com o objetivo de refletir sobre os aspectos da situação social a que esse texto remete e chegar ao cerne do projeto de escrita do autor. Mais especificamente, o leitor crítico deseja compreender as circunstâncias, as razões e os desafios sociais permitidos ou não pelo texto. Daí os procedimentos de peneiramento, as atitudes de reflexão e questionamento e os processos de julgamento típicos da criticidade em leitura. De uma leitura crítica, quase sempre resulta uma avaliação de mérito, valor e/ou verdade das ideias produzidas e analisadas durante ou após a interação. A este respeito, vale a pena recuperar aqui a descrição feita por Hueslman das nove armadilhas que o leitor tem que evitar para efetivar uma leitura de cunho crítico. São armadilhas da leitura crítica:

---

12 CHARMEUX, Eveline. *Aprender a ler:* vencendo o fracasso. São Paulo: Cortez, 1994. p. 13.

1) descuido para com os possíveis erros na linha de raciocínio indu-tivo ou dedutivo; 2) falha no exame de alternativas; 3) falha na detecção de falsas analogias; 4) falha na constatação de generaliza-ções apressadas; 5) falha na identificação de vícios de raciocínio (simplismo); 6) não estabelecer a diferença entre observações concre-tas e inferências do autor; 7) não perceber distorções ou supressões da verdade; 8) permitir que emoções anestesiem as capacidades crí-ticas durante a leitura.[13]

Se considerarmos que é próprio da democracia a convivência com o conflito e a diferença, evidenciados na maioria das vezes por lutas, contro-vérsias e polêmicas nos campos do discurso e nas arenas sociais, as condutas críticas de leitura ganham um destaque bastante especial. Tanto a construção do cidadão como o exercício da cidadania esclarecida dependem, em muito, do desenvolvimento e do domínio das competências críticas do leitor. De fato, não podemos nos situar em frente de um debate, de uma polêmica ou controvérsia, a menos que conheçamos e dominemos os códigos sociais da argumentação, bem como os portadores de textos que expressam posiciona-mentos, análises e/ou críticas nos sistemas de circulação de sentidos.

O leitor maduro – cuja maturidade incorpora a vertente crítica da lei-tura – é aquele "[...] capaz de dominar ao mesmo tempo a quantidade e a diversidade de objetos portadores de textos que a vida social propõe",[14] entre os quais, os vários portadores da estrutura argumentativa da linguagem, como é o caso, por exemplo, do jornal e dentro dele as seções de *opinião, editorial, ponto de vista, debate* ou qualquer outra que venha a ser expressão de análise da realidade para efeito de delineamento de um ou mais posicionamentos ou, ainda, para efeito de convencimento ou persuasão. Mais especificamente, o leitor maduro é eclético no que se refere às variações e aos artefatos da lingua-gem e, ao mesmo tempo, movimenta-se com desenvoltura nas diversas situa-ções funcionais de leitura que lhe vão colocar a necessidade de escolha entre

---

13 HUESLMAN, Charles B. Jr. Promoting growth in ability to interpret when reading critically: in grades seven to ten. Apud SMITH, Henry P. ; DECHANT, Emerald V. *Psychology in tea-ching reading.* New Jersey: Prentice Hall, 1961. p. 359.
14 CHARMEUX, Eveline, op. cit., p. 15.

alternativas; outras, a contestação; outras, a aceitação; outras, ainda, a reflexão mais demorada e profunda para orientar a construção de um posicionamento futuro.

Se caminharmos um pouco pelo terreno da sabedoria e das virtudes, diríamos que o leitor crítico pratica diante dos textos a vigilância e a astúcia, tendo como norte crítico a própria segurança em sociedade. Essa prática não deve ser tão intensa a ponto de fazer o sujeito cair no esquecimento da própria vida, que afinal é sua e merece ser vivida. De passagem, convém reler e relembrar o teor do poema "Os ombros suportam o mundo", de Carlos Drummond de Andrade.[15] O poeta tece uma crítica contundente ao esfriamento das nossas emoções, ao congelamento da nossa afetividade, em decorrência dos "tempos atuais". E afirma:

> "És todo certeza, já não sabes sofrer. [...] E o coração está seco. [...] E os olhos não choram. [...] Ficaste sozinho, a luz apagou-se. [...] És todo certeza, já não sabes sofrer. [...] As guerras, as fomes, as discussões dentro dos edifícios provam apenas que a vida prossegue e nem todos se libertaram ainda. [...] És todo certeza, já não sabes sofrer.

As palavras desse poeta maior, aqui reiteradas e reordenadas para o efeito de destaque, podem ser tomadas como um alerta àqueles que se esquecem de que o mundo da criticidade também apresenta os seus limites – ultrapassá-los pode significar o afundamento da consciência na inflexibilidade comportamental ou no sectarismo atitudinal, tornando a vida insuportável. Neste contexto, vale a pena relembrar a frase lapidar de Che Guevara: "É preciso endurecer, mas não podemos perder a ternura jamais!" – quer dizer: as nossas crenças e os nossos posicionamentos em torno da melhor organização da vida social podem ficar cada vez mais antagônicos ou irreconciliáveis, exigindo sempre a nossa criticidade ou a nossa leitura crítica do mundo, mas esses comportamentos não podem levar ao enrijecimento dos nossos sentimentos como seres humanos. Queremos dizer com isso que o leitor crítico carrega

---

15 ANDRADE, Carlos Drummond de. Os ombros suportam o mundo. In: *Nova reunião*. Rio de Janeiro: José Olympio, 1985. p. 78.

consigo as virtudes do equilíbrio, da responsabilidade, da perspicácia e do comedimento – virtudes essas que, uma vez desenvolvidas e bem enraizadas em si, evitam que ele caia nas malhas do dogmatismo, do ceticismo ou, o que é bem pior, do niilismo diante de tudo e todos.

As pesquisas sobre processos e práticas de leitura desses últimos 40 anos[16] afirmam ser possível o ensino da leitura crítica nas escolas, em um currículo espiralado e progressivo que vá, desde as séries iniciais, desenvolvendo as competências da leitura crítica para efeito de organização do ensino, construindo situações em que essas competências possam ser praticadas em projetos de comunicação efetiva, com textos verdadeiramente encontrados na vida em sociedade (editoriais, manifestos, panfletos, grafites etc.). O importante aqui é ter como meta para as atividades de leitura o desenvolvimento crescente das capacidades de julgamento, avaliação e apreciação de textos dentro de uma escola

> [...] que busque não adestrar o homem, mas torná-lo inteiro – omnilateral –, desafiado pelo ofício de produzir sua vida, inventar novas formas de convivência social onde a singularidade humana seja outra face da pluralidade construída.[17]

Se anteriormente propusemos como meta maior do ensino da leitura crítica a *cidadania esclarecida* para todos os estudantes, então se torna um pré-requisito fundamental que a escola seja necessariamente cidadã, com professores cidadãos. Que essa escola e esses professores julguem, mas também se abram para o julgamento de cunho democrático em todas as suas esferas de atividades! Que essa escola e esses professores avaliem, mas também agilizem avaliações provenientes de seus diferentes interlocutores: alunos, funcionários e pais de família! Que essa escola e esses professores critiquem, mas também instalem em todos os pontos da organização escolar a possibilidade crítica e de debates visando o esclarecimento, a análise e o posicionamento democrático de todos! Que essa escola e esses professores assumam de uma vez por todas que os con-

---

16 ROBINSON, Helen M. (Org.). *Innovation and change in reading instruction.* Chicago: The University of Chicago Press, 1968. p. 146-149.
17 LINHARES, Célia F. S., op. cit., p. 28.

flitos são os grandes propulsores da mudança e naqueles ambientes onde os conflitos têm residência sadia a criticidade vigora, viceja e obviamente concretiza exemplos e testemunhos passíveis de multiplicação!

Iniciamos essa reflexão com uma metáfora: o leitor crítico comparado a um viajante noturno, dirigindo seu automóvel no meio da escuridão. Essa metáfora pode ser agora mais adensada a partir das seguintes afirmações:

a) semelhante a um motorista, o leitor crítico possui direção e destino, movido pelo que é o seu meio de transporte – o próprio processo de leitura pelo desejo de adensar as próprias maneiras de ver, de pensar e de refletir os múltiplos cenários da realidade social;

b) semelhante a um motorista *brasileiro*, viajando em terrenos (sociais) geralmente esburacados e carentes de assistência, o leitor crítico não pode perder de vista a sua "defensiva" na vigilância contínua; as ultrapassagens do *status quo* são sempre mais que necessárias;

c) semelhante a um motorista *urbano*, o leitor crítico anda devagar, com os olhos bem abertos, atentando para as ruas sinuosas e nem sempre bem sinalizadas pela ideologia; quando os mapas e roteiros são criteriosamente estudados, nunca se entra em ruas sem saída;

d) semelhante a *qualquer motorista*, o leitor crítico sabe que precisa de uma boa escola para tirar a sua carta e assim fazer a demonstração do domínio do processo ou, pelo menos, da frequência a locais onde os conflitos possam ser frequentes e ajuizadamente observados para efeito de aprendizagem significativa.

Capítulo 2: Ainda sobre o sem-fim dos livros didáticos

1. Livro didático e qualidade do ensino[1]

Convém iniciar esta reflexão perguntando de onde surge e vem a grande força – a força hercúlea – do livro didático no seio da educação escolarizada brasileira. Uma força que transforma essa mercadoria num objeto indispensável para a efetivação do ensino-aprendizagem ou, como querem alguns, num "mal necessário". Uma força que não é estranha e que, tal qual o sangue, penetra nas entranhas do sistema escolar, banhando e oxigenando todas as suas células. Uma força que, vem dia passa dia, ganha o estatuto de totem que os professores reverenciam, falam por meio de sua voz e beijam-lhe os pés. Uma força que, próxima a círculos cada vez maiores de adeptos e seguidores, força a barra, enraíza-se, torna-se Bíblia, convence sem falar e escraviza pela rápida conversão de mentalidade. Uma força que, caso seja representada por imagens concretas, adquire o retrato de *bengala, muleta, lente para miopia* ou *escora* que não deixa a casa cair, indicando claramente desequilíbrio, cegueira ou cambaleio dos seres que do livro didático são dependentes ou viciados radicais.

---

1 Palestra apresentada no Ciclo de Encontros sobre o Livro Didático, organizado pela Fundação Educacional de Brasília. Brasília, DF, 17 jun. 1997.

A origem dessa força chamada livro didático precisa ser situada historicamente. É pela história da educação brasileira que podemos buscar uma compreensão crítica sobre como esse objeto ganhou tanta força no contexto do nosso magistério, perdendo o seu caráter de *meio* para se transformar num *fim em si mesmo* nos ambientes formais de ensino-aprendizagem.

Ainda que as cartilhas, os manuais de ensino e as coletâneas de textos tivessem presença na escola brasileira desde o início do século XIX[2], é na segunda metade da década de 1960, depois da revolução de 1964 e com a assinatura do acordo MEC-Usaid em 1966, que os livros didáticos vão ganhando o estatuto de imprescindíveis e, por isso mesmo, vão sendo editados maciçamente a fim de responder a uma demanda altamente previsível, a um mercado rendoso, lucrativo e certo. É importante lembrar que, por essa época, dois novos cenários estavam sendo construídos ao toque da ditadura: 1º) a introdução e a sedimentação da pedagogia tecnicista no seio da educação brasileira; 2º) a opressão ao trabalho dos professores, principalmente no que se refere à infraestrutura para a produção de um ensino de qualidade e, ao mesmo tempo, à redução cada vez maior dos seus salários.

O cerne da pedagogia tecnicista é a glorificação dos métodos e das técnicas de ensino, bem como dos veículos e dos instrumentos que fazem circular o "conhecimento" ou então, melhor dizendo, um *conjunto formatado de informações que se fazem passar por conhecimento* próximo ao professorado e ao alunado. No início da década de 1970, e intensificando-se daí para a frente, fomos contemplados com uma multiplicidade de modismos metodológicos, como a instrução programada, o estudo dirigido, os laboratórios para o ensino de ciências e centenas de técnicas de dinâmica de grupo – tudo isso regido pela psicologia behaviorista e pelo funcionalismo norte-americano, cujo livro *Taxionomia dos objetivos educacionais*, do norte-americano Benjamim Bloom, foi o leme principal. O malefício maior da pedagogia tecnicista, que pode ser inserida no quadro das pedagogias conservadoras em termos de visão de mundo, foi o de sedimentar no imaginário do professorado brasileiro a crença de

---

2 Cf. ZILBERMAN, Regina. O começo, a leitura. *Em Aberto*, Brasília, DF, n. 69, p. 16-29, jan./mar., 1996.

que a solução para os problemas da nossa escola residia nos métodos, nas técnicas e nos manuais de ensino. Daí, até hoje, a busca desenfreada por métodos ou por livros didáticos milagrosos ou autossuficientes, capazes de por si sós conduzir o ensino e gerar aprendizagens.

O segundo cenário construído ao longo do ciclo das ditaduras revela o solapamento contínuo e crescente da dignidade profissional dos professores, principalmente daqueles que trabalham nos ensinos fundamental e médio. De fato, ao crescimento exponencial das edições de livros didáticos após 1970, contrapõe-se, de maneira inversa, as perdas salariais e todas as desgraças relacionadas à infraestrutura para a efetivação de um ensino condigno nas escolas públicas. Sem dúvida, essa foi a maneira encontrada pelas ditaduras de impedir a reflexão política nas escolas e, ao mesmo tempo, calar a voz dos professores. Principalmente com a redução de sua remuneração, o professor viu-se obrigado a aumentar as suas jornadas de trabalho, a se transformar em um *dadeiro de aulas*, sem muito tempo para se atualizar e, por isso mesmo, lançando mão de livros e manuais que lhe chegavam prontamente, em longas listas, para efeito de adoção e indicação aos compradores alunos. Em frase lapidar, João Wanderley Geraldi disse que "os professores não adotam livros didáticos; eles são adotados pelos livros didáticos"[3] para produzir o ensino ou, quem sabe, apresentar algum instrumento de mediação para fingir que está ensinando.

Muitas pesquisas e análises nacionais[4] já elucidaram à exaustão os problemas estruturais e conceituais dos livros didáticos. As avaliações encomendadas pelo MEC e amplamente divulgadas pela imprensa são uma demonstração viva dos problemas existentes nessa área; e mais, são uma prova concreta da quantidade de rebotalhos editoriais existentes no mercado. Entretanto, gostaria de chamar a atenção para o efeito negativo da lógica – da

---

3   GERALDI, João Wanderley. Livro didático de língua portuguesa: a favor ou contra?. *Leitura: Teoria e Prática*, Campinas, ALB, n. 9, p. 3-7, jun. 1987. (Entrevista concedida a Ezequiel Theodoro da Silva.)

4   Existem várias pesquisas e publicações que tematizam os livros didáticos nacionais; entretanto, foi o livro *As belas mentiras* (São Paulo: Cortez, 1979), de Maria de Lourdes Nosella, aquele que inaugurou, no Brasil, um conjunto significativo de denúncias sobre o assunto.

lógica perversa – que está por detrás do esquema tático de venda dos livros didáticos. Trata-se, no meu ponto de vista, de uma *lógica circular,* que se alimenta das carências da infraestrutura escolar (ausência de bibliotecas e de bibliotecários, ausência de centros de informação e pesquisa, falta de salas-ambiente para estudo, falta de autonomia financeira das escolas para investimentos que promovam o estudo e a investigação etc.) e se reforça na dependência que gera em relação aos professores, decorrente das suas péssimas condições de trabalho, da precária formação continuada e da falta de autonomia econômica para investimentos culturais em si próprios. Por outro lado, essa lógica afeta negativamente a própria *dialogicidade inerente no ato pedagógico,* fazendo pensar que esse ato é sinônimo de seguir obedientemente, de ano para ano, as lições do livro didático. Por último, essa lógica estabelece uma sequência padronizada de passos de aprendizagem, do tipo ler um texto, estudar o seu vocabulário, responder a um questionário e redigir.

Ao sair um pouco da esfera das críticas (talvez muitas delas já conhecidas), gostaria de entrar no terreno das possíveis alternativas pedagógicas, lembrando sempre que o pressuposto básico para todas elas *envolve a melhoria das condições de trabalho do magistério.* Envolve ainda o *reconhecimento da importância do professor* na condução do cotidiano do ensino nas salas de aula. Sem o atendimento desse pressuposto, sem a dignificação e a valorização da pessoa do professor, de nada adiantará abastecer as escolas com os melhores livros didáticos ou com as tecnologias mais avançadas, mesmo porque o trabalho pedagógico não sofrerá qualquer tipo de alteração ou transformação para melhor. Numa das minhas reflexões anteriores sobre esse assunto, eu afirmei que, "se os livros didáticos publicados, adquiridos, adotados e distribuídos neste País dessem conta do recado, nós teríamos a melhor escola do mundo"[5] – isto considerando os bilhões de reais investidos na compra e distribuição desse tipo de material para todas as regiões brasileiras, desde 1970 até o presente momento.

Ao entrar então na esfera da produção de um inventário de alternativas positivas para a seleção e a implementação dos materiais de ensino nas

---

5   Cf. SILVA, Ezequiel Theodoro da. Livro didático: do ritual de passagem à ultrapassagem. *Em Aberto.* Brasília, DF, n. 69, p. 11-15, jan./mar. 1996.

nossas escolas, creio ser de máxima importância uma orientação voltada aos estudos das teorias *pedagógicas progressistas* pelos professores. Mesmo em circulação há um bom tempo, as contribuições das pedagogias críticas ainda não foram convenientemente transformadas em fundamentos diretivos para ação pedagógica nas escolas. Mais especificamente, Celéstin Freinet, Paulo Freire, Georges Snyders, José Carlos Libâneo, Dermeval Saviani, para citar alguns pensadores, possuem ideias capazes de alavancar mudanças significativas para não só questionarmos posturas tradicionais e esclerosadas nas redes de ensino, como também orientar os coletivos escolares na elaboração de projetos e planos de trabalho de melhor qualidade. Um cruzamento bem distribuído e refletido dessas ideias, formando novos amálgamas ou novas sínteses de pensamento, pode resultar em avaliação das atuais concepções de educação e de escola, responsabilidades dos professores e estudantes, seleção e adequação de conteúdos, orientando a construção de um novo compromisso político do professorado e estimulando a necessidade de revigoramento da sua competência técnica.

Outra opção desse quadro de possibilidades está relacionada à sensibilização da retina dos professores para *olhar ativamente (com empatia) as necessidades reais e concretas das suas classes*, dos seus grupos de estudantes. Fundamentando as descobertas que fiz na pesquisa *Professor de 1º grau:* identidade em jogo (Campinas: Papirus, 1994), sou levado a afirmar que os determinantes da vida profissional dos professores conduziram-nos a uma cegueira ou miopia quanto à realidade vivida por seus alunos. Esse fenômeno geralmente cria, na cabeça do professor, a imagem de um aluno idealizado, que não é de carne e osso e sem necessidades específicas nas suas diferentes etapas evolutivas. Um aluno para o qual qualquer livro didático, produzido não se sabe onde, serve e pode gerar aprendizagens. Dessa forma, controlado por condicionantes externos (salário, tempo, burocracia, múltiplas funções, ideologias etc.), o professor perde de vista os melhores e maiores parceiros das relações de ensino, que são os próprios alunos. É certo que, sem conhecer os interesses, as aspirações, as dificuldades, os problemas e o potencial de um grupo de alunos, o professor dificilmente saberá como organizar as suas práticas de ensino, ao selecionar conteúdos e atividades que venham a fazer a necessária ligação entre o saber elaborado e a realidade vivida por seus grupos de alunos.

O *domínio dos novos códigos de representação e comunicação,* hoje presentes no cotidiano social, coloca-se também como alternativa ao incremento do trabalho docente. De fato, o apego aos livros didáticos nasce e se desenvolve em decorrência do desconhecimento da matéria a ensinar. Não são poucos os professores que lançam mão de três, quatro ou cinco livros didáticos a fim de organizar sua aula para determinada série; tais livros transformam-se em fontes exclusivas do conhecimento e, por isso mesmo, são repetidas ou parafraseadas pelo professor no momento do ensino propriamente dito. Resulta desse processo não só um enrijecimento intelectual no nível da consulta, como também fica decretada a morte da pesquisa docente e da atualização pedagógica. O domínio das novas tecnologias de comunicação, principalmente daquelas disponibilizadas pelos computadores e pela informática, pode servir como novas estradas para a atualização do professor, sobretudo no que se refere ao conhecimento dos conteúdos da disciplina escolar que ele tem a responsabilidade de ensinar. É forçoso lembrar, por exemplo, que hoje, num só disco de CD-ROM, cabem 200 mil páginas de texto impresso. Além disso, os bancos de dados já atendem aos critérios de diversidade e de atualidade nesta era de explosão das informações. Por outro ângulo de análise, munido de um bom equipamento, a produção de materiais apropriados para o ensino torna-se uma realidade para o professor, fazendo que ele aposente compulsoriamente os mimeógrafos e as máquinas copiadoras.

A última alternativa que consigo antever à hegemonia dos livros didáticos está intimamente relacionada à questão *da formação continuada dos professores* por meio de uma política voltada à melhoria da qualidade do ensino. Em razão da patente deterioração da formação dos professores brasileiros e considerando-se que muito da aprendizagem docente ocorre no confronto diário com a realidade das salas de aula, a formação continuada, abrindo caminho para a reflexão das práticas e das ações docentes, levanta-se como uma, senão a única, possibilidade de os professores pensarem objetivamente nas questões relacionadas com os materiais de ensino, incluindo-se aí o repertório dos livros didáticos. Atualmente, os governos dizem e repetem que os professores devem produzir cultura, consciências, cidadania e transformações sociais. Entretanto, para atingir todos esses objetivos, os professores devem ser sujeitos de políticas que propiciem condições para tal – daí a minha defesa incontinente de espaços e investimentos cada vez maiores para a educação permanente dos educadores.

Ao encerrar esta exposição, gostaria de chamar a atenção de vocês para duas questões diretamente relacionadas à adoção de livros didáticos. A primeira volta-se à constatação de que o *ensino em nossas escolas é livresco mas sem livros*.[6] Essa afirmação permite verificar que há uma descontinuidade ou mesmo quebra entre aquilo que a escola propõe por meio de livros (entre os quais e principalmente o livro didático) e o concreto da vida social. Nesses termos, proponho que essa descontinuidade seja combatida ferrenhamente pelos professores por meio de um ensino que una, de maneira objetiva e dinâmica, os conteúdos culturais valiosos, que a escola tem que incentivar, com o mundo vivido pelos estudantes. Somente assim as aprendizagens escolares poderão ganhar o estatuto de significativas, equilibrando, em termos de programas, os elementos da cultura elaborada com a história dos grupos de estudantes.

A afirmação de que o "ensino é livresco mas sem livros" ainda permite verificar que nas escolas há uma carência de suportes (escritos, imagéticos, eletrônicos) para dinamizar a (re)construção do saber. Refiro-me, mais especificamente, à quase total inexistência de bibliotecas escolares e de pessoal especializado que as faça funcionar na prática. Dessa forma, a falta de estimulação socioambiental para os processos de leitura e estudo faz que o livro didático reine absoluto, tornando-se o único material que sinaliza a possibilidade de aprendizagens. Mais do que esperar infinitamente por ações governamentais, é importante que o coletivo escolar com a comunidade de pais conquistem e instalem, no prédio da escola, um serviço organizado que sirva de apoio ao enriquecimento das atividades de ensino-aprendizagem, chame-o de biblioteca, sala de leitura, centro de informações, ou laboratório de pesquisa e estudo etc.

A outra questão, com a qual encerro de vez esta exposição, volta-se ao fato de que muitos professores criticam a adoção e a lógica dos livros didáticos; mas, na prática, por desconhecimento ou acomodação, não desenvolvem uma autonomia para organizar o ensino de outra maneira, em outras bases.

---

6   GERALDI, João Wanderley. Prefácio do livro *Elementos de pedagogia da leitura*, de Ezequiel Theodoro da Silva. São Paulo: Martins Fontes, 1998.

Quer dizer: as suas lições, ainda que descartem a adoção e o uso do livro didático, *seguem a mesma lógica subjacente,* sem qualquer tipo de modificação, alteração ou mudança. Nesse caso, além de a prática trair o discurso, a mentalidade de dependência ou a falta de autoridade na matéria permanece exatamente a mesma e pode abrir caminhos de fuga para o *espontaneísmo, populismo* ou *democratismo* no contexto escolar. Daí eu achar que somente o conhecimento daquilo que tem que se ensinar (o domínio da matéria), conjugado à leitura das necessidades das crianças ou dos jovens e a um adequado repertório metodológico, pode na verdade romper com os mecanismos cristalizados de exercício da docência e, dessa forma, possibilitar uma inovação das formas de se conduzir o ensino-aprendizagem.

Iniciei a minha exposição afirmando que a força do livro didático advém da fraqueza ou da debilidade cognitiva do professor. Uma fraqueza que deve ser circunscrita aos fatores negativos que condicionam os tipos de práticas de ensino nas escolas. Verifiquem então que de nada adianta melhorar a qualidade do livro didático ou então, à moda mais recente do MEC, peneirar tudo aquilo que há de bom no mercado. *Quem realmente direciona e determina o ensino é o professor. Nenhuma máquina, nenhum manual, nenhum livro didático pode substituir, nem mesmo virtualmente, as decisões tomadas pelo professor.* Daí eu ter insistido, e repetir mais de uma vez, que somente com a superação daqueles fatores negativos ligados à vida atual dos professores e à efetivação do ensino nas escolas públicas poderemos chegar a uma reflexão mais consequente sobre os conjuntos disponíveis de materiais didático-pedagógicos dentro ou fora do mercado. A qualidade do ensino, pois, depende muito mais da força profissional e pedagógica dos professores do que da força dos livros didáticos. Enquanto essas forças não se inverterem ou, no mínimo, se equilibrarem, qualquer *lista de mais recomendáveis,* com três ou quatro estrelas, será uma nova ilusão de reforma para deixar tudo exatamente como está.

Questões para discussão e debate

1) O que fazer com os livros de Ciências e Estudos Sociais da 1ª série que estão fora da realidade dos nossos alunos? São dirigidos para alunos alfabetizados, enquanto nossos alunos de 7 anos estão no processo de alfabetização; portanto ficam jogados na sala de leitura.

Resposta: O critério básico para seleção, adoção e uso de qualquer material pedagógico é o vínculo que mantém com as necessidades dos alunos, conforme percebidas e analisadas pelo professor. Nesses termos, se os livros de Ciências e de Estudos Sociais estiverem fora da realidade do grupo de alunos, então eles devem ser imediatamente jogados na lata de lixo. Pergunto: Se não há quem os leia e os entenda, para que guardá-los ou jogá-los na sala de leitura? Para ocupar o espaço de outros materiais, possivelmente mais significativos aos alunos? Sempre defendi uma operação de descarte ou de limpeza nas nossas escolas, tirando dali tudo aquilo que não serve ou que surge pelo caminho por efeito de imposição ou enganação.

2) Como explicar/entender a confusão: sumário/índice de livro didático tomado por currículo da série que indica? O que fazer?

Resposta: A pergunta aponta para um fato muito comum nas nossas escolas, até mesmo as de ensino superior. Trata-se de mais um item do acervo de besteiras dessa nossa famigerada educação nacional. De fato, de que forma confundir o conceito de currículo (extremamente complexo, amplo e denso) com a transcrição de assuntos de livros didáticos? Esse tipo de atitude dever ser execrado e criticado ao máximo, pois, além de revelar ignorância sobre a natureza das coisas da educação, dá as costas à realidade e à dinâmica da realidade vivida pelos próprios alunos.

3) De onde vem o professor que desconhece o conteúdo a ser trabalhado? Que papel a Escola Normal desempenha na formação do professor *inseguro ou incapaz*?

Resposta: A partir de 1970, a massificação do ensino gerou a necessidade de formação de uma grande quantidade de professores para fazer frente às novas escolas e ao novo contingente de crianças, principalmente na escola fundamental. A intensa demanda fez que o governo autorizasse a abertura e o funcionamento de uma série de faculdades particulares em diversos pontos do País. Com isso, sem muita infraestrutura, quase todas as cidades de médio porte exibiam sua faculdade de Letras e Pedagogia; instalou-se um grande mercado e agora podemos ver o MEC em palpos de aranha, tentando fiscalizar a qualidade desses cursos. O professor que desconhece a matéria geralmente surge dessas faculdades em que a formação é oca e aligeirada, lamentavelmente. Quanto à formação de professores PI, pelos cursos de magistério de 2º grau (hoje extinto), creio que a insegurança e a incapacidade decorrem principalmente da deterioração contínua das condições para a produção de ensino nesse nível de formação; vale lembrar que esses cursos são geralmente proporcionados pelos governos estaduais, que não estão muito preocupados em oferecer boas condições (salário, infraestrutura de ensino etc.) aos professores que formam outros professores.

4) Gostaria de ouvi-lo sobre políticas de educação que de fato viabilizam a formação do professor. A formação precisa ser permanente. No entanto, lança mão de recursos tecnológicos, nem sempre estará ao alcance de todos. (*sic*) Ainda existem as filas nos mimeógrafos.

Resposta: O princípio da educação permanente ou formação continuada na esfera do magistério vem ganhando raízes cada vez mais fortes no cenário educacional brasileiro. As entidades representativas dos professores de vários Estados vêm assumindo esse princípio e cobrando dos governantes políticas concretas nessa área. Diante do estrago que já foi feito no terreno escolar, acredito que essa seja a alternativa mais razoável e coerente para a realização da almejada qualidade do ensino nas escolas públicas do País. Verifique que, sem a devida preparação dos recursos humanos, não há como proclamar antecipadamente o valor dos recursos tecnológicos, à medida que esses recursos (novos equipamentos) devem ser utilizados via professores ou administradores. Cabe lembrar aquilo que já afirmei: de nada adianta maquiar as escolas antes de estabelecer processos de dignificação do trabalho dos professores. Ou, no mínimo, que isso ocorra de forma concomitante para beneficiar o trabalho docente.

5) No Distrito Federal, nós, professores, conhecemos e aplicamos metodologias como o método vivencial da professora Ivonilde, onde (*sic*) alunos eram separados por grupos após teste diagnóstico, o método silábico, herança de estudo no curso de magistério e outras que discriminam alunos e os submetem a atividades com crianças que apresentam falta de produtividade do conhecimento, confirmada, pelo excesso de repetência (*sic*). Preocupação maior da Escola Candanga. Em 1995 e 1996, os profissionais

tiveram oportunidade de, com o apoio da empresa FEDF, conhecer e trabalhar as atividades propostas por Esther Grossi, que muito nos ajudou a repensar o fazer didático e a mudança de postura. Perguntamos: quais as novidades, além dessas, que existem atualmente na área da educação fundamental? O que sugere para o nosso aprimoramento e prática didática? Quais as sugestões literárias (*sic*)?

Resposta: Não tenho "novidades" a sugerir ou recomendar. Pelo conteúdo da pergunta, creio que um horizonte pode se abrir por meio da proposta implementada pela educadora Esther Grossi, muito provavelmente em bases construtivistas. Nesse caso, o aprofundamento dos aspectos teóricos do construtivismo pode constituir-se num campo imenso de pesquisa e estudo. Conhecer bem a abordagem construtivista do conhecimento, com Piaget, Ferreiro e Teberosky –, verificar as suas relações com o trabalho pedagógico, saber das críticas existentes a essa abordagem etc. são objetivos que podem manter, no tempo, a atitude de curiosidade epistemológica de todos os professores.

6) O [...] texto elaborado pelo professor Ezequiel Theodoro da Silva nos fortalece cada vez mais a questionar o porquê de termos que adquirir livros didáticos, mesmo acreditando e tentando trabalhar com uma proposta que não seja norteada por este. Por que não se pode mudar? Em nível financeiro, gastamos muito do nosso modesto salário com a elaboração de materiais alternativos, pois as regras não permitem à escola que escolha nenhum outro recurso didático para ser manipulado, explorado e sentido pelos educandos. Será que alguém está ganhando com essas regras? Por que se gasta tanto com livro didático (negócio rentável) e não se pode utilizar os mesmos recursos com literatura infantil, periódicos, biblioteca para o professor?

Resposta: Uma resposta a essa pergunta deve ser buscada nas leis e nos *lobbies* que regem a dinâmica do mercado editorial brasileiro. A indústria editorial está assentada, em termos de sobrevivência e lucro, na produção de livros didáticos para alimentar a ignorância das nossas escolas. Uma ruptura com os esquemas cristalizados pode significar a bancarrota de muitas editoras. Do mesmo modo, como comentei, tem muito dirigente político que crê, de corpo e alma, que o livro didático é a única forma de elevar o nível do ensino, afirmando, até mesmo, ser ele um mal necessário. Às suas alternativas de investimentos (livros infantis, bibliotecas etc.), existem outras tantas que também rompem com a adoção de livros didáticos, mas...

7) O senhor tem conhecimento da presença dos autores de livros didáticos em ciclos de estudo como esse, para ouvir a opinião de professores?

Resposta: As próprias editoras, no intuito de melhorar a qualidade das suas mercadorias, geralmente, promovem encontros entre autores e professores. Promovem também reuniões para proporcionar treinamento no uso do material e, dessa forma, fortalecer ainda mais os processos de adoção. Nos Congressos de Leitura do Brasil (Coles), realizados em Campinas, por diversas vezes tiveram mesas-redondas com autores de livros didáticos, havendo, até, um número exclusivo da revista *Leitura:* Teoria & Prática, que discute questões específicas sobre essa área.

8) Em 1993, na universidade, tive o prazer de ter contato com duas de suas obras: *O ato de ler* e *De olhos abertos.* Naquele dado momento, eu era apenas mais uma professora de português entre milhares e me surpreendi com suas reflexões sobre a leitura e seu processo de democratização. *De olhos abertos* me proporcionou uma outra visão de como se formar um leitor consciente, crítico e participativo. Não podia imaginar, porém, que dois anos depois estaria trabalhando numa biblioteca e, quando me vi cercada pelos livros, o que me veio à mente naquele momento foi buscar novamente *De olhos abertos* e tive uma segurança enorme para iniciar essa nova etapa. Pergunto: você cita, em *De olhos abertos,* que, sem a recuperação da dignidade do professor, pouco se pode fazer para a democratização da escola e da leitura. Esse livro foi publicado em 1991, e hoje você voltou a citar esse mesmo trecho. Na sua opinião, o que mudou de lá pra cá, para melhoria e avanço na área da leitura nas escolas públicas?

Resposta: Agradeço, sinceramente, o registro de que um livro meu contribuiu para com o processo de formação desse interlocutor e para com seu trabalho numa biblioteca escolar. Sem dúvida que muitas coisas mudaram de 1991 para cá, e seria incapaz de listar todas as mudanças que aconteceram e aquelas que estão ocorrendo no campo da promoção da leitura. Vale mencionar que hoje já existe em nosso país o esboço de uma tradição teórica na área: há grupos de pesquisa em vários pontos do País bem como um conjunto significativo de obras específicas para alavancar planos e atividades voltados ao ensino-aprendizagem da leitura. Além disso, em razão da existência desse repertório de obras, cuja influência ninguém é capaz de aquilatar ou medir, muitos professores e bibliotecários têm lutado pela melhoria das condições de produção da leitura em nossas escolas. Fazendo um trocadilho com o enunciado da pergunta, parece que os profissionais do ensino estão de olhos mais abertos para os diferentes desafios da leitura em sociedade e nos ambientes escolares.

2. Livro didático: do ritual de passagem à ultrapassagem[7]

À fina força dos costumes

Antes de adotar um livro didático,
Pergunte criticamente
Se não vais ser um professor apático!

Costumo dizer que, para uma boa parcela dos professores brasileiros, o livro didático se apresenta como uma insubstituível muleta. Na sua falta ou ausência, não se caminha cognitivamente à medida que não há substância para ensinar. Coxos por formação e/ou mutilados pelo ingrato dia-a-dia do magistério, resta a esses professores engolir e reproduzir a ideia de que sem a adoção do livro didático não há como orientar a aprendizagem. Muletadas e muleteiros misturam-se no processo...

Se correr o bicho pega, se ficar o bicho come. Costumo lembrar que o livro didático é uma tradição tão forte na educação brasileira que seu acolhimento independe da vontade e da decisão dos professores. Sustentam essa tradição o olhar saudosista dos pais, a organização escolar como um todo, o marketing das editoras e o próprio imaginário que orienta as decisões pedagógicas do educador. Não é à toa a imagem estilizada de que o ensino, o livro

---

7 In: *Em Aberto*, ano 16. Brasília, DF, n. 69, p. 11-15, jan./mar. 1996.

e o conhecimento são elementos inseparáveis, indicotomizáveis. E aprender, dentro das fronteiras do contexto escolar, significa atender às liturgias dos livros, entre as quais se destaca aquela do livro "didático": comprar na livraria no início de cada ano letivo, usar no ritmo do professor, fazer as lições, chegar à metade ou aos três quartos dos conteúdos ali escritos e dizer amém, pois é assim mesmo (e somente assim) que se aprende.

Costumo esclarecer que a perda crescente da dignidade do professor brasileiro contrapõe-se ao lucro indiscutível e estrondoso das editoras de livros didáticos. Essa história começou a ser assim no início da década de 1970: a ideologia tecnicista sedimentou a crença de que os "bons" didáticos, os módulos certos, os *alphas* e *betas*, as receitas curtas e bem ilustradas, os manuais da Disney etc. seriam capazes – por si só – de assumir a responsabilidade docente que os professores passavam a cumprir cada vez menos. Quer dizer: à expropriação das condições de trabalho no âmbito do magistério, correspondeu um aumento gigantesco nas esferas da produção, da venda ou distribuição e do consumo de livros e manuais didáticos pelo País.

Costumo ainda mostrar que esse apego cego ou inocente aos livros didáticos pode significar uma perda crescente de autonomia por parte dos professores. A intermediação desses livros, na forma de costume, dependência e/ou "vício", caracteriza-se como um fator mais importante do que o próprio diálogo pedagógico, que é ou deveria ser a base da existência da escola. Resulta desse lamentável fenômeno uma inversão ou confusão de papéis nos processos de ensino-aprendizagem, isto é, em vez de interagir como professor, tendo como horizonte a (re)produção do conhecimento, os alunos, por imposição das circunstâncias, processam redundantemente as lições inscritas no livro didático adotado. Dentro desse circuito, em que esse tipo de livro prepondera mais que o professor e reina absoluto, o ensino vira sinônimo de "seleção/adoção" dos disponíveis no mercado; a aprendizagem, de consumo semestral ou anual do livro indicado, sem direito à reclamação no Procon...

À viva força da forma

De um lado, o aluno sorumbático.
De outro, maquiavelicamente,
as doses de desânimo do livro didático.

O vigor do livro didático advém da anemia cognitiva do professor. Enquanto este perde peso e importância no processo de ensino, aquele ganha proeminência e atinge a esfera da imprescindibilidade. De meio (que deveria ser), o livro didático passa a ser visto e usado como um fim mesmo.

A perversidade dessa lógica atinge várias esferas, sobretudo por alçar o livro didático à condição de ponto de partida e de chegada de todo conhecimento trabalhado em sala de aula. Uma forma imposta – e não uma forma possível – à qual os estudantes têm que se encaixar.

E essa forma, parasitária e paralisante, vai alimentando e cristalizando um conjunto de rotinas altamente prejudiciais ao processo educacional do professorado e do alunado. Quais são essas rotinas? Entre muitas, vale a pena ressaltar: a reprodução da dependência ao recorte arbitrário dos conteúdos contidos nos livros: a socialização de um tipo de aula em que o professor, por não ter voz nem vez, é mero repassador e/ou cobrador de lições; a perenização das carências de infraestrutura pedagógica (bibliotecas, salas-ambiente, bancos de textos e informações, laboratório etc.) nas escolas; a mecanização da mente e a passividade diante de atividades de estudo, considerando que as lições geralmente obedecem a um padrão de estrutura etc. É óbvio, portanto, que a liturgia do livro didático não eleva nem enleva seus participantes; ao contrário, parece alimentar um círculo vicioso, de cujo centro vem sendo irradiada – há um bom tempo – a sofrível qualidade da escola e do ensino brasileiros.

Vale ressaltar que essa forma (o livro didático) é muito ruim em suas características de produção. É "quadrada"; seu feitio estrutural obedece ao mesmo padrão. Extremamente "rasa" no intuito de acomodar informações aligeiradas e não muito fiéis às fontes primeiras. É "pegajosa" e "fria", congelando as possibilidades de movimento no âmbito do ensino-aprendizagem. É "espalhafatosa": os fatos do conhecimento diluem-se nos adornos do produto para convencer os consumidores. É "descartável" e "perecível", considerando os meios modernos de circulação do conhecimento.

Cobrando força para fugir da forca

Do sistema nervoso simpático
faz parte, sutilmente,
a sujeição ao livro didático.

As determinações que levam o professor à dependência do livro didático estão diretamente relacionadas à questão da identidade e da dignidade do magistério.

O magistério, enquanto trabalho e profissão, vem sendo desfigurado e desvalorizado ininterruptamente. A escravidão ao livro didático faz parte de um conjunto maior de fatores que empobrecem as condições para a produção de um ensino de qualidade.

A qualidade, enquanto intenção e meta, é pensada no ângulo dos investimentos em quinquilharias. Esquiva-se, quase sempre, de uma proposta concreta, honesta e duradoura no ser do professor, no salário digno e na qualificação profissional continuada.

Continuada é a esperança, já um tanto abalada pelos efeitos da desilusão constante, de que o mestre, com preparo e autoridade para tal, encontre forças para agir historicamente sobre os determinantes de seu trabalho.

O trabalho docente exige uma incursão prévia do professor nas fontes do conhecimento, de modo que proporcione um roteiro-síntese a ser reelaborado pelo grupo de estudantes. Pobre daquele mestre que acredita em um livro único ou, bem pior, que adota só livro didático!

Só a reinserção do professor na condição de sujeito insubstituível do ato de ensinar poderá varrer a barbárie pedagógica das escolas, higienizando os ambientes e pondo para fora dali os badulaques que, por força das circunstâncias e dos costumes, insistem em permanecer na categoria dos didáticos.

Didáticos são livros destinados a informar, a orientar e a instruir o processo de aprendizagem. Livros didáticos não educam!

Forçando a vista para entrar no tempo

É loucura do professor errático
querer sempre, insistentemente,
fazer aula só com didático.

No Brasil, como as recomendações e as providências sempre ficam "para a próxima administração", as soluções já nascem velhas, ultrapassadas ou esclerosadas. Na área educacional, essa verdade cabe como uma luva; na área do livro didático, essa regra é mais do que verdade.

De fato, a impressão que se tem é que o bombardeio de críticas ao livro didático já foi feito por todos os lados, do seu nascimento nas editoras, passando pelos recortes do conteúdo, pelas ilustrações e exercícios, até chegar ao uso alienado por professores e alunos. Apesar dos pesares e das alfinetadas no "boneco", esse instrumento ainda reina absoluto no campo educacional, em regime de palhaçada reiterada de ano para ano (até com o eterno atraso em sua distribuição nas escolas).

Ao observar um pouco mais atentamente os fenômenos comunicacionais deste final de século e tentar perceber criticamente os efeitos da revolução eletrônica em nosso cotidiano, convém perguntar se o livro didático já não é um objeto ultrapassado. Dá para coçar a cabeça e hesitar em responder, quando a tecnologia vem conseguindo prensar em um único CD-ROM cerca de 200 mil páginas de texto impresso.

A ordem pedagógica estabelecida pelo livro didático será superada, em pouco tempo, pelas conquistas tecnológicas da telemática. Considerando-se que a função ideal desse tipo de livro é veicular uma parcela do conhecimento para efeito de pesquisa e de estudo; os atuais suportes de base digital (bancos de dados, hipertextos, CD-ROMs, *video-disks* etc.) permitem veicular parcelas bem mais abrangentes e diversificadas sobre quaisquer temas científicos, abrindo caminho para a exploração interativa e multifacetada pelo usuário.

A abordagem construtiva do conhecimento, a montagem do currículo em ação e o imperativo contemporâneo do "aprender a aprender" parecem também demonstrar a crescente obsolescência dos livros didáticos. De fato, tais tendências afetam a organização escolar e, mais especificamente, a estruturação do processo de ensino-aprendizagem, impondo uma ampliação de fontes e de referências do conhecimento entre docentes e discentes. Ampliação essa que está muito além das possibilidades de qualquer livro didático, ou até mesmo de um conjunto deles.

Sabe-se que as novas técnicas de comunicação não eliminam as precedentes; porém, em termos de potencial para estudo e aprendizagem, as atuais redes computadorizadas de informação – por permitir a interatividade e a permuta – vão desbancar os livros didáticos como os principais recursos de apoio ao professor. Daí a literacia do computador, os equipamentos computadorizados, os bancos de dados e as redes se colocarem como exigências do momento para todas as escolas brasileiras. O retardamento da sua implantação e a demora na sua propagação podem significar a continuidade de um ensino sem substância, defasado no tempo, fechado e absoluto.

Poderão dizer que essa proposta nada mais é do que um exercício de futurologia, que até a chegada dos computadores na escola os livros didáticos são imprescindíveis, que o País é pobre etc. Ora, o Brasil pede, há muito tempo, uma escola hodierna, que forme trabalhadores para os desafios da modernidade, que atenda aos quesitos da empregabilidade e da globalização da economia. Também, é chegada a hora de demonstrar uma ousadia há muito esperada, qual seja a de romper com linhas de investimentos que não deram certo. Se os livros didáticos brasileiros fossem mesmo eficientes, o Brasil seria o melhor país do mundo em termos de educação e escola.

Procurei, neste ensaio, refletir sobre vários aspectos relacionados à produção, à circulação e ao consumo de livros didáticos em nossa sociedade. A natureza polêmica e espinhosa do assunto levou-me à adoção de um estilo não acadêmico, sem citações ou referências de apoio para sustentar minhas afirmações. A argumentação que privilegiei seguiu a linha de minha experiência docente (40 anos de magistério em todos os níveis de ensino, da 1ª série do ensino fundamental ao 4º ano da universidade) e das agruras que vivi, sendo (ou tentando ser) professor "de verdade" em escolas públicas marcadas por privações crescentes.

No início desta reflexão, afirmei que a grande maioria dos nossos professores necessita da muleta "livro didático" para poder oferecer algum tipo de conhecimento a seus alunos. Entretanto, com essa imagem, eu não quis, de maneira alguma, atribuir culpa ao professor. O mal necessário resulta de um conjunto de determinantes negativos na esfera do trabalho docente, entre os quais a mania do livro didático. É hora de jogar a muleta fora! É hora de caminhar sobre as próprias pernas, com autonomia e decisão!

Após observar a paisagem social do presente, defendi a inserção na escola das novas tecnologias de comunicação como alternativas a esses livros. Isto se – e somente se – essas novas tecnologias não vierem a reproduzir ou copiar os mesmos padrões da organização e os mesmos protocolos de utilização dos atuais didáticos. Do contrário, estará para sempre decretada a morte da capacidade de análise, de avaliação e de criatividade dos professores e estudantes brasileiros.

Capítulo 3: Três desenhos mágicos: conferências

1. Leitura e vida de professor[1]

Para discorrer sobre o tema que serve de desafio, recuperei dois trechos do texto de meu amigo Samir Curi Meserani,[2] que retrata com muita sensibilidade aspectos da vida do professor brasileiro. Samir assim traduz essa vida:

> Viver é ter que preparar aula correndo, não encontrar o livro desejado, sair de casa às pressas, dirigir o carro com perua Kombi bem na nossa frente, ficar rodando em volta do prédio da escola à procura de um lugar para estacionar, entrar na aula ofegante e perguntar: "Onde foi que nós paramos na última aula?" e ver que ninguém sabe. [...]
>
> [...] Viver é ter guardada em casa uma lista de livros que um dia a gente acha que vai ter tempo de ler. [...]

É impossível que todos nós, professores, não sejamos levados a nos identificar com essas duas facetas de vida profissional e pessoal, tão objetivamente elaboradas por Samir. Essa identificação advém principalmente de podermos sentir na própria pele os fatores que condicionam negativamente a

---

1 Palestra apresentada no XII Encontro Regional de Educação de Assis. Assis: Secretaria Municipal de Educação, 8 jul. 1997.

2 MESERANI, Samir Curi. Vida de professor. *Revista Sala de Aula*, n. 37, p. 4, out. 1989.

nossa profissão de professor e a nossa vida social, vivendo uma época historicamente situada, em que as pessoas parecem não estar muito preocupadas com os sofrimentos do coletivo de educadores. Apesar dos pesares, grita e determina em altos brados a sociedade: "os professores têm que produzir ensino e, na medida do possível ou do impossível, produzir um ensino coerente, de qualidade, significativo e que atenda aos mais altos critérios de excelência."

Retomando o alerta de que

> [...] se a relação do professor com o texto não tiver um significado, se ele não for um bom leitor, são grandes as chances de que ele seja um mau professor. E, à semelhança do que ocorre com ele, são igualmente grandes os riscos de que o texto não apresente significado nenhum para os alunos [...][3],

convém refletir um pouco mais detalhada e profundamente sobre aqueles condicionantes que afetam o trabalho de leitura dos professores em termos de formação, atualização, busca por livros, vontade e prazer de ler. O que estou querendo revelar aqui é que a pessoa do professor constitui o principal fator para a promoção da leitura e, consequentemente, para a formação de leitores dentro da organização escolar: sem professores que sejam leitores maduros e assíduos, sem professores que demonstrem uma convivência sadia com livros e outros tipos de materiais escritos, sem professores capazes de dar aos alunos testemunhos vivos de leitura, fica muito difícil, senão impossível, planejar, organizar programas que venham a transformar, para melhor, as atuais práticas voltadas ao ensino da leitura. É por isso mesmo que se torna necessário obtermos uma visão crítica acerca dos condicionantes que afetam a vida dos professores para que, pelo conhecimento e consciência desses condicionantes, eles [os professores] possam caminhar rumo à superação.

Uma pesquisa que realizei em Campinas, em 1994, voltada ao delineamento de aspectos da identidade dos professores de ensino fundamental,[4] mostrou que o trabalho docente é extremamente afetado, entre outros

---

3 LAJOLO, Marisa. O texto não é pretexto. In: *Leitura em crise na escola*. As alternativas do professor. 10. ed. Porto Alegre: Mercado Aberto, 1991. p. 53.
4 SILVA, Ezequiel Theodoro. *Professor de 1º grau*: identidade em jogo. Campinas: Papirus, 1994.

fatores, pela formação anterior do professor, pela sua possibilidade de atualização continuada e pelas ideologias que lhe fazem a cabeça. A partir das descobertas mais gerais dessa investigação, tentarei elaborar algumas relações com a problemática da leitura, que é o objeto desta reflexão.

Não há como negar que, a partir de 1970, houve, no Brasil, uma deterioração muito grande dos cursos de formação de professores. Os cursos de ensino médio, incluindo, sobretudo, os de magistério, foram sendo gradativamente esquecidos pelos governos. Mesmo os chamados Cefams sofreram desgastes com o passar do tempo, tendo também caído nos esquemas de falta de apoio e de infraestrutura, no que se refere a uma formação crítica de professores. Quanto aos cursos superiores de graduação e licenciatura, vimos crescer exponencialmente o número de faculdades particulares – principalmente os cursos de Pedagogia e de Letras –, nem sempre preocupadas com uma formação de qualidade e quase sempre orientadas para o recebimento, "sem nenhum atraso", das mensalidades.

Se o quadro geral de formação de professores nesses últimos tempos pode ser qualificado de *fraco*, sua preparação prévia para o encaminhamento da leitura na escola pode ser considerada *fraquíssima* ou simplesmente *nula*. Ainda que a leitura seja o pulmão da vida docente e discente e esteja intimamente relacionada com o sucesso escolar do estudante, são raros os cursos que tematizam esse processo (o de leitura) por meio de disciplinas específicas ou mesmo dentro das existentes no currículo. Dessa forma, por falta de embasamento na área das teorias de leitura, o professor se vê extremamente desamparado no momento em que tem que ensinar ou orientar a leitura entre seus alunos. Perante as lacunas teóricas, os procedimentos alternativos mais comuns para o professor são: a total dependência dos livros didáticos e suas famigeradas lições ou então a imitação ingênua dos seus antigos professores de outrora...

O condicionante *atualização permanente*, mais recentemente chamado de *formação contínua* ou *continuada*, também está muito presente na configuração da identidade dos professores. Nessa esfera, ainda é muito forte e penetrante o velho ditado, "uma vez diplomado, uma vez formado (para sempre)". Esse ditado é mentiroso, porque a essência do ser professor ou do que-fazer educativo dirige-se exatamente para o crescimento, o aprofundamento e a renovação constantes do saber epistêmico, sem o qual corre-se o risco de esclerose didática pelo desconhecimento das ininterruptas conquistas culturais. E mais: nessa era de grande aceleração das descobertas científicas e tecnológicas, a atualização transforma-se numa exigência imprescindível para os professores. Diante desse quadro, os diferentes modos de leitura – de textos impressos, imagéticos e/ou eletrônicos – são fundamentais ao exercício da profissão. Vale lembrar que, em termos comparativos, a escola de hoje é muito mais complexa do que as escolas de 30 ou 40 anos atrás, exigindo uma diversidade muito maior de saberes, atitudes e habilidades por parte dos professores, de modo que eles possam situar-se objetivamente no seu tempo histórico.

As ideologias, ou seja, as mentiras que parecem verdades, constituem condicionantes extremamente poderosos que agem sobre a mentalidade e o imaginário dos professores. A ideologia da missão, a ideologia do dom e do sacrifício, a ideologia da tia que expressa só amor e carinho etc. circulam fortemente nos territórios do magistério, desviando os professores das discussões de cunho político-econômico, além daquelas relacionadas à infraestrutura material para a produção sobre a ideologia da pressa, que surge do ritmo acelerado da sociedade contemporânea e que também está imbricada na questão das múltiplas funções exercidas pela mulher professora. A pressa, além de inimiga da perfeição, levanta-se como uma barreira aos processos de pensamento e de reflexão. Ocorre que, em função das opressões que ainda vive a mulher trabalhadora brasileira e, em consequência, a mulher professora, a pressa gruda-se às diferentes responsabilidades e papéis dessa trabalhadora, gerando efeitos drásticos ou grandes frustrações na sua vida, o que às vezes as leva ao *estresse* incessante. Daí não ser muito estranho o fato de a *organização do tempo* apresentar-se como uma variável de grande preocupação para as professoras das escolas de ensino fundamental. Dentro da correria generalizada, as práticas de leitura da professora ficam seriamente prejudicadas: ou permanecem sempre para depois, ou nunca são feitas por falta de tempo, ou, ainda e então, busca-se um método de leitura dinâmica que nunca vai existir em termos da velocidade sonhada.

Caso não perceba de maneira crítica os efeitos desses condicionantes de vida e caso não se esforce para superá-los individual ou coletivamente, é bastante provável que o professor entorne o balde de suas frustrações em cima daqueles que pouco têm a ver com essa situação: os próprios alunos. São eles os bodes expiatórios, apresentando-se como preguiçosos, não inteligentes, sem iniciativa, que não gostam de ler etc. Esse tipo de desvio do problema talvez justifique os altos índices de repetência e evasão escolar no âmbito das escolas públicas deste País, mostrando que os alunos são – eles próprios, sem saber os porquês – os grandes culpados pelas frustrações e pelos fracassos dos professores. Daí a necessidade de uma leitura da realidade da vida docente, detectando e agindo sobre os fatores que condicionam e determinam socialmente o professor em termos de produção da sua existência enquanto ser humano, profissional e participante concreto dos destinos de uma ou mais escolas.

A falta de tempo para ler e estudar, a falta de dinheiro para comprar livros, a falta de livros e de biblioteca na escola, a pressa e a correria nos afazeres e nas tarefas etc. são condicionantes oriundos de outras esferas, situadas muito distantes do alunado. Para sair dessa, além de ver-se e sentir-se condicionado e preso, o professor precisa mudar de ótica, tentando enxergar as caras dos seus inimigos reais. Dessa forma, a leitura crítica, aquela que desvela, mostra e exige rumos, impõe-se como necessidade para a saída do mundo da opressão e, consequentemente, para a busca de uma vida mais feliz e produtiva em sociedade.

O prazer da leitura

Uma fotografia geral do mundo contemporâneo e, dentro dela, da sociedade brasileira, vai mostrar que vivemos num período de grande sufoco. De fato, com a crise econômica e com as influências nefastas do neoliberalismo, há um aguçamento das contradições sociais. Escândalos políticos a cada madrugada apontam para a era da corrupção e da impunidade. Com a queda do Muro de Berlim, os paradigmas de organização das sociedades ficaram cada vez mais confusos. O ciclo de desencanto com os governos democraticamente eleitos se instala de vez, indicando um adormecimento da nossa esperança e uma grande incerteza sobre os rumos do futuro. Enfim, o quadro social deste final de século pode ser tomado como uma antítese do prazer, como altamente "broxante", trazendo a tristeza, a insatisfação, a raiva e a revolta. Além disso, esse quadro social chega até a bloquear a expressão daquelas características mais singulares, que demarcam a identidade do povo brasileiro: a descontração, a alegria e a criatividade.

Ao assumirmos como verdadeiro o fato de que todos nós, seres humanos, estamos predestinados à busca da felicidade, da justiça, da beleza e do prazer, não há como negar que vários indivíduos estão sempre a nos lembrar da necessidade de lutarmos contra os mecanismos sociais que sufocam nossa vida. A redescoberta da nossa corporeidade e da nossa sexualidade, como conquistada a partir da década de 1970, já indicava a necessidade de assumirmos mais abertamente os nossos desejos e a nossa eroticidade, os quais estão relacionados aos prazeres fundamentais da vida. Nesse sentido, o livro *Sem tesão não há solução*, escrito por Roberto Freire nos idos de 1986, discutia a gana e o sentimento de prazer que devem fazer parte das nossas posturas e dos nossos posicionamentos em sociedade. Os livros de autoajuda, a gama de publicações na esfera da literatura mística e a própria Bíblia também podem ser tomados como bons puxões de orelha, com fortes lembranças de que devemos reagir diante de tantas injustiças sociais na tentativa de construir um mundo feliz, onde possamos viver melhor.

No que se refere à construção de teorias pedagógicas relacionadas à alegria e ao prazer, o pedagogo francês Georges Snyders, no livro *A alegria na escola*,[5] assinala todo o conjunto de satisfações que podem estar presentes nas atividades de aquisição da cultura elaborada. Paulo Freire, ao conceituar a escola bonita, estabelece uma íntima relação entre a alegria, o prazer e a virtude da esperança. Diz ainda esse grande educador que

> A realidade [...] não é inexoravelmente esta. Está sendo esta como poderia ser outra e é para que seja outra que precisamos, os progressistas, lutar. Eu me sentiria mais do que triste, desolado e sem achar sentido para a minha presença no mundo se fortes e indestrutíveis razões me convencessem de que a existência humana se dá no domínio da determinação. Domínio em que dificilmente se poderia falar de opções, de decisão, de liberdade, de ética. "Que fazer? A realidade é assim mesmo", seria o discurso universal. Discurso monótono, repetitivo, como a própria existência humana. Numa história assim determinada, as posições rebeldes não têm como tornar-se revolucionárias.[6]

---

5   SNYDERS, Georges. *A alegria na escola*. São Paulo: Manole, 1988.
6   FREIRE, Paulo. *Pedagogia da autonomia*. Saberes necessários à prática pedagógica. São Paulo: Paz e Terra, 1996. p. 83-84.

No campo mais específico da leitura, novas palavras e expressões, por diferentes autores, apontam para a necessidade de superar os aspectos enfadonhos, chatos e tristes dos processos de leitura, principalmente no âmbito da escola. O francês Rolland Barthes discorre sobre o *prazer da leitura*; outros autores falam da *sedução do leitor pela leitura*. *Prazer, sedução, deleite, gozo, encantamento* etc. são conceitos ou indicadores de modernas teorias da leitura, ressaltando a vertente afetiva e prazerosa das nossas interlocuções com os textos e com os livros.

Os lembretes ou os puxões de orelha desses autores são demonstrações vivas de que existem vacinas contra os males sociais dessa fase histórica. São demonstrações de que o cidadão, seja professor, seja qualquer outra coisa, deve saber equilibrar sabiamente em sua vida a dialética do prazer/desprazer, da tristeza/alegria. Deve afastar-se – sem fugir – das desgraças do cotidiano, a fim de vivenciar algumas delícias ainda possíveis e por essa vivência conscientizar-se para o fato de que precisa lutar pela mudança do quadro social, participando da construção de um outro em que os momentos de prazer, de alegria e de satisfação sejam mais frequentes e intensos. Daí todo o significado que adquirem as utopias, aqui tomadas como anúncios de novas realidades, de Pasárgadas a serem buscadas e construídas concretamente.

Existe uma ligação muito íntima entre o sentimento de prazer e as possibilidades de sonho, fantasia, imaginação, catarse e aventura. Viver momentos intensos de prazer é um direito de todo cidadão e de todos os trabalhadores, nessa existência. Isso, nem que seja homeopaticamente, como querem Vinicius de Moraes e Tom Jobim no samba *Felicidade*,[7] quando dizem que

A felicidade é como a gota
De orvalho numa pétala de flor
Brilha tranquila
Depois de leve oscila
E cai como uma lágrima de amor [...]

Quais seriam, então, algumas das alternativas para esse professor conquistar ou reconquistar o prazer da leitura na sua vida e, dessa forma, poder talvez

---

7 Música composta em 1959 para o filme *Orfeu Negro*, dirigido por Marcel Camus.

impregnar as atmosferas escolares com um pouco do seu entusiasmo, fornecendo testemunhos concretos de vivências de leitura a seus grupos de alunos? Sem dúvida, essa conquista ou reconquista de estatuto de leitor e de gosto e de prazer pela leitura depende em grande parte da recuperação da sua dignidade profissional e da valorização do seu trabalho por parte da sociedade. Mesmo com essa espinhosa condição em mente, sou levado a sugerir dois caminhos possíveis, talvez correndo o risco de ser taxado de idealista. Vamos a eles.

Ruptura com o circuito ou roda-viva das leituras rotineiras

Várias evidências de pesquisa na área da leitura dos professores mostram uma incidência muito grande de interesses sobre os livros didáticos e os manuais de ensino, sobre a literatura de cunho religioso e sobre os assuntos de misticismo. Tal leque de temas representa um horizonte muito restritivo no que se refere ao universo dos artefatos da linguagem. Além disso, paulatinamente, de sujeitos da leitura, que realmente deveriam ser, os professores passam a ser objetos, sem direito a escolhas ou opções. Quer dizer: são transformados em objetos de manipulação das editoras de livros didáticos, em objetos das pregações religiosas ou em objetos dos lenitivos ou fugas proporcionadas pelos livros de natureza mística. Por isso mesmo, considero fundamental uma ruptura com os hábitos da leitura escolarizada, buscando o professor por outros materiais e outros temas para ser desafiado cognitiva e afetivamente por mais escritores. Cabe lembrar que a maturidade de um leitor decorre da sua convivência com diferentes assuntos, autores e artefatos da linguagem.

Recuperação ou descongelamento da imaginação criadora pela (re)ativação da fantasia

Tenho afirmado, ultimamente, que os cursos de didática, da forma como são organizados e propostos aos professores, causam um prejuízo enorme na sua formação pedagógica. Isso porque a didática é vista como um campo fechado, do tipo para-tal-problema-tal-receita, e nunca como um campo para o exercício da criatividade dos professores. Daí a necessidade de refletir melhor sobre os desafios das salas de aula e partir de vez para a criação de metodologias alternativas que consigam melhores resultados e mais prazer no ensino-aprendizagem. Considerando o amálgama de veículos e linguagens do mundo contemporâneo, acredito ser de suma importância que o professor busque uma convivência mais intensa com o mundo das artes (cinema, teatro, dança, fotografia, vídeo, pintura etc.), no sentido de ativar mais ainda suas capacidades de fantasia e de invenção, levando os resultados dessas experiências para a organização dos seus programas de ensino. Além disso, é preciso retirar um pouco a sisudez dos atuais modos de ensinar, abrindo-se para a curtição das interações com os alunos. Tudo isso com uma dose maior de entusiasmo, bom humor, riso e descontração.

A professora-pesquisadora francesa Eveline Charmeaux, no livro *Aprender a ler:* vencendo o fracasso, produz uma extensa revisão de métodos e procedimentos para o ensino da leitura. Depois desse trabalho, ela faz a seguinte afirmação: "[...] é o comportamento do professor em face da prática pedagógica que faz a diferença."[8] Extrapolando essa constatação para o assunto aqui tratado, fica ainda mais patente o fato de que, sem um professor que seja um bom leitor, sem um professor que tenha paixão pela leitura e pelos livros, sem um professor que apresente um forte compromisso com as necessidades e as habilidades de leitura dos seus alunos, de nada valem as escolas com boas bibliotecas, repletas de textos. Apenas essa maquilagem, tal qual a bruxa diante do espelho, não leva a um ensino substancial e producente. A leitura tem que ser uma atividade significativa, encarnada na vida do professor!

Respostas às perguntas dos participantes

1) Fomos educados por uma pedagogia formal de ensino, de forma a nos tornarmos frutos de um ensino tradicional. Como poderemos ser criativos e inovadores se somos a cada dia mutilados por um sistema que se diz inovador, mas que na verdade direciona e barra a liberdade de expressão do professor?

---

8 CHARMEAUX, Eveline. *Aprender a ler:* vencendo o fracasso. São Paulo: Cortez, 1994. p. 22.

Resposta: O primeiro passo para uma superação do problema vem contido no corpo da própria pergunta, ou seja, a consciência do indagador a respeito de uma formação capenga, realizada nos moldes da pedagogia tradicional. Sem a consciência da contradição, não haveria nem a possibilidade de enunciar o problema. As mutilações, os direcionamentos e as opressões geradas pelo sistema podem ser considerados condicionantes de vida e de trabalho, ao lado dos outros que foram explicitados ao longo da minha exposição. Para ser criativo e inovador, é necessário que o professor, de elemento condicionado que é, passe a interferir criticamente sobre os fatores que condicionam e bloqueiam a sua criatividade e a sua liberdade de expressão. No que se refere à superação das contradições existentes no âmbito do magistério brasileiro, convém lembrar que a ultrapassagem somente será possível se feita coletivamente (e não individualmente, à moda dos heróis). Assim, o chamado "sistema" precisa ser mais bem configurado em termos de origem histórica e dos seus agentes de influência – direta ou indireta – na vida dos professores, para que estes possam ser combatidos e, se possível, aniquilados.

2) Quando iniciou a sua reflexão, o senhor disse que os professores não devem ser passivos e sim rebeldes, críticos. Infelizmente, o profissional que age dessa forma é malvisto pelos superiores. O que fazer?

Resposta: Ser um rebelde bem fundamentado teoricamente e astuto politicamente. Lutar incessantemente pela horizontalização das relações na escola. Estudar e saber de onde vem o poder dos superiores. Lembrar sempre que, entre as funções do professor, está aquela de ser um militante da mudança; nesse caso, militância significa saber organizar seus pares na direção de uma nova sociabilidade – uma sociabilidade democrática e ética – dentro do contexto escolar.

3) Nós, professores, estamos inseguros e não preparados para aplicar o construtivismo em sala de aula. Como podemos enfrentar essa situação? São muitas técnicas teóricas (*sic*), mas precisamos de cursos de capacitação que nos mostre a prática (*sic*) da proposta.

Resposta: Caso o professor não esteja devidamente preparado, acredito que o melhor caminho seja o de não assumir quaisquer propostas de abordagem de conhecimento ou de ensino. Deve, isto sim, agir e atuar dentro de esquemas em que se sinta seguro e bem embasado teórica e tecnicamente. Do contrário, corre o risco de produzir um mingau insosso nas suas atividades de ensino, não chegando a lugar nenhum. Fazendo um trocadilho, o professor deve se construir para praticar o construtivismo em sala de aula. Cursos de atualização talvez constituam um bom ponto de partida.

4) Embora suas considerações finais tenham sido extremamente otimistas e felizes para a mudança na (*sic*) vida do professor (busca de alternativas para leitura, recuperação da imaginação criadora e recuperação do bom humor), o senhor não considera difícil conseguir isso tudo diante da situação precária de salário que vive todo o magistério brasileiro?

Resposta: Extremamente difícil, mas jamais impossível. Não há como negar que o salário é um condicionante muito forte da vida do professor, mas realmente não assumo totalmente a ideia de que todos os professores estejam sendo explorados economicamente. Já sentimos uma diferença muito grande, em várias cidades, entre os salários pagos pelas redes municipais em relação às estaduais. Também a municipalização do ensino poderá trazer a isonomia salarial, beneficiando um conjunto maior de professores. Vale dizer que não considero a recuperação da imaginação criadora e do bom humor como dependente de salário, exclusivamente.

5) Observamos claramente que o professor que gosta de ler é mais envolvido com seu trabalho, realizando-o de maneira prazerosa. Este, apesar da pressa, da falta de tempo, ainda lê e busca caminhos. Qual seu "recado" para aqueles que "mentindo para si mesmos", engavetam textos (até textos básicos) ou mesmo nem os levam para casa para ler com mais tempo? Será que já se aposentaram trabalhando?

Resposta: Sou menos bonzinho que o autor da pergunta. Creio que esses aí já morreram para o magistério. Não quero afirmar aqui que a leitura seja tudo nessa vida, pois existem outros compromissos e afazeres com os quais precisamos nos envolver. Mas essa pergunta parece atingir a dimensão ética do trabalho docente, revelando a lei do "levar vantagem" dentro da escola;

dessa forma, sou pelo expurgo de todos aqueles que se esquecem das suas responsabilidades sociais e do interesse público, sejam professores, sejam quaisquer outros profissionais.

6) Professor, por que, ao se referir a seu passado como professor primário, o senhor disse: "Já estive lá embaixo"?

Resposta: Perdão pelo lapso, pois *embaixo* pode dar a entender a ideia de inferior (veja aqui uma das maravilhas da interpretação em leitura: a possibilidade de múltiplos sentidos pelos leitores). Eu deveria ter dito que já trabalhei, com muito orgulho, nas séries iniciais do ensino fundamental.

2. Tijolo com tijolo num desenho mágico (alfabetização)[9]

Inicio este meu desenho sobre o tema da alfabetização com menção a um fenômeno que atualmente povoa o imaginário da população brasileira e que muito assusta as nossas crianças: o *chupa-cabras*.[10] O que me atrai nessa história alimentada pela mídia não é o extenso e o polêmico inquérito sobre a sua existência concreta, mas sim, e principalmente, o aspecto difuso e etéreo da configuração de sua identidade e corporeidade. Além disso, me atrai o fato de saber que, semelhante a outras criações irracionais das sociedades de massa, o coitado do chupa-cabras será rapidamente enterrado pelos mecanismos do esquecimento. Mais à frente no tempo, com o chupa-cabras já ocupando um lugar definitivo no cemitério da nossa memória, é bem provável que surja outro fenômeno – também misterioso e passageiro – para encher os noticiários da televisão, o que é bem provável também, para preencher os espaços faltantes/vazios de prazer e fantasia de todos nós, brasileiros, pois estamos convivendo com um programa ininterrupto e cada vez maior

---

9 Conferência de encerramento do Congresso Paranaense de Alfabetização, organizada pela Futuro Eventos, Curitiba, 18 out. 1997.

10 O "chupa-cabras", uma entidade estranha, misteriosa e sem explicação lógica, que, por volta de 1997, matava animais de pequeno porte de maneira nada convencional, ou seja, drenando o sangue das vítimas.

de crises. Afinal, o chupa-cabras existe ou não? Chupa através dos chifres? Ataca só à noite ou pode atacar de dia também? É um lobo ou um lobisomem? Suga o sangue só de bichos ou pode colocar o ser humano no seu menu? Tem bico ou um poderoso par de caninos?

Ainda que eu acredite na necessidade de alguns supérfluos e de um pouco de banalidades para alegrar a vida que vivemos dentro das fronteiras do território brasileiro, não posso deixar de me indignar com a quantidade de asneiras que vem assolando a área da educação e, mais especificamente, a área da alfabetização, no âmbito das nossas escolas. Semelhante ao fenômeno do chupa-cabras, cuja existência não é encarnada numa identidade, a alfabetização também vira pura conversa mole em decorrência de quatro condicionantes fundamentais:

1) a *indústria editorial*, que lança no mercado cartilhas e manuais o mais estapafúrdios possível, sem pé nem cabeça, alimentando aquilo que o escritor Osman Lins chamou de "disneylândia pedagógica".[11] Na maioria dos casos, conforme a própria avaliação do MEC, essas cartilhas e manuais fogem a quaisquer paradigmas de bom senso (e que dirá da fundamentação teórica ou pedagógica), sendo regidos pelas leis do mercado. Por analogia com o chupa-cabras, podemos dizer que tais materiais apenas "chupam" tempo e paciência do alunado, o que torna o processo da alfabetização um mecanismo sem rumo, sem finalidades explícitas e sem metodologias coerentes de suporte;

2) os *modismos pedagógicos*, que, na sociedade de consumo (e em educação também existe o consumo!), transformam as teorias em meros rótulos para rápidas e aligeiradas comunicações ou adoções pelos sistemas de ensino. Nesses tempos, não podemos negar que o dialogismo de Paulo Freire, o construtivismo de Emília Ferreiro e o sociointeracionismo de Vygotsky forneceram contribuições irrefutáveis à compreensão da alfabetização; entretanto, da forma como foram assumidas por muitas Secretarias de Educação e passaram a circular entre os professores, essas teorias (por sinal, importantes teorias) se

---

11 LINS, Osman. Disneylândia pedagógica. In: *Do ideal e da glória:* problemas inculturais brasileiros. São Paulo: Summus, 1997.

transformaram em fatores da moda, fazendo valer a mentira de que tudo aquilo que os alfabetizadores vinham produzindo estava "errado". Dessa forma, sem o devido aprofundamento sobre os fundamentos e os limites dessas teorias, a área da alfabetização se transformou num tremendo "saco de gatos" ou, pela analogia que estamos desenhando, se transformou num chupa-cabras – tem existência nos circuitos do imaginário educacional, mas não apresenta uma identidade física ou conceptual definida, a partir da qual possam derivar decisões, comportamentos e ações docentes racionais;

3) as *novas linguagens e tecnologias,* cuja introdução nas escolas cria um verdadeiro "mingau" pedagógico e metodológico. Sem conhecer muito bem as gramáticas ou as formas de organização das novas linguagens e sem muito preparo para o manejo das novas tecnologias, as escolas, por meio dos seus professores, lançam-se a pseudoinovações que em nada ou pouco modificam o panorama da alfabetização. Esquecem-se do fato de que a escola é o principal reduto – talvez o único modernamente – para aprendizagem da leitura e da escrita, e que as demais linguagens (oral, imagética, mímica, sonora etc.) devem servir como suportes, não como substitutos daquele aprendizado. Aqui, novamente, vejo uma comparação possível com o chupa-cabras à medida que, pela confusão ou pelo mingau de linguagens e veículos, a alfabetização vira sinônimo de nada ou coisa nenhuma: não se alfabetiza nem para a compreensão objetiva da imagens e muito menos para o domínio dos múltiplos artefatos da linguagem escrita;

4) as *condições de trabalho do professor-alfabetizador,* que quase sempre deixam muito a desejar, repercutindo também nos altos índices de repetência e de evasão nas séries iniciais. Nunca é demais lembrar que o *professor--alfabetizador* não apenas introduz formalmente a criança no mundo da escrita, como também proporciona toda uma atmosfera de segurança à criança que chega ao ensino fundamental – daí a necessidade de uma sólida formação, de um manejo especial das relações de ensino (manejo esse constituído historicamente via experiências vividas) e de salas especiais, que, na visão de Jean Foucambert, devem constituir "ambientes leiturizadores",[12]

---

12 FOUCAMBERT, Jean. *A leitura em questão.* Porto Alegre: Artes Médicas, 1994.

com uma variedade de materiais escritos para permitir interações com a linguagem escrita. Ocorre que, na prática escolar, existe uma fuga das aulas de alfabetização pelos professores mais experientes, passando essas aulas à alçada dos recém-formados, que vão fazer mil acrobacias e experimentos, até que consigam desenvolver e consolidar um estilo de ensinar. Nesse caso, retomando a analogia com o fenômeno do chupa-cabras, o próprio professor vai se colocar no papel desse animal, porque, pelo desconhecimento das dimensões do seu ofício e pela improvisação, vai colocar o aluno na posição de cabra e sugar-lhe um tempo precioso da vida, que poderia ser dedicada à aprendizagem real e significativa da escrita.

A segunda parte do desenho que tento construir para o processo de alfabetização resulta de um trecho do livro já citado, *Aprender a ler:* vencendo o fracasso, escrito por Charmeaux em 1994. Colocando em questão a querela dos métodos de alfabetização – os de marcha analítica, sintética e os métodos mistos –, essa professora afirma o seguinte:

> [...] é o comportamento do professor em face da sua prática que faz a diferença. Encontramos professores que, de um lado, preferem se servir de ferramentas de aprendizagem inteiramente prontas, manuais ou métodos – objetos pré-embalados – e, de outro lado, professores que não se utilizam dessas ferramentas, preferindo construir eles próprios sua prática pedagógica.[13]

Essa afirmação da professora Eveline Charmeaux gera uma série de implicações para as práticas pedagógicas voltadas à alfabetização, das quais destaco duas. Primeira: se for o comportamento do professor que faz a diferença nas esferas do letramento e da alfabetização das crianças, então qualquer método, desde que utilizado de maneira coerente e bem fundamentado, será capaz de produzir resultados positivos. Segunda: se for o comportamento do professor que faz a diferença, as áreas de formação prévia, atualização e formação continuada ganham destaque especial em relação ao sucesso pretendido

---

13 CHARMEAUX, Eveline. *Aprender a ler:* vencendo o fracasso. Tradução de Maria José do Amaral Ferreira. São Paulo: Cortez, 1994. p. 22-23.

nas aulas de alfabetização. Por detrás dessas duas implicações, coloca-se uma concepção de professor-alfabetizador como aquele sujeito que é o artesão--construtor de suas práticas pedagógicas, apresentando coerência nas fases de ação-reflexão-ação docente, possuindo segurança epistemológica no que se refere à aprendizagem da leitura escrita e, o mais importante talvez, sensibilizando-se ininterruptamente com as necessidades dos alfabetizandos no sentido de evitar o surgimento do fracasso escolar.

Para além dos métodos, dos materiais didáticos, para além de parâmetros curriculares, das tecnologias de educação, concebo o professor como o principal personagem da história cujo enredo é a transformação do analfabeto da palavra em leitor/escritor. Enquanto esse professor encontrar bloqueios para ganhar plena autonomia na construção viva das suas aulas, substituindo o comportamento cristalizado de aplicar práticas e adotar livros didáticos produzidos por outrem, o ato de alfabetizar vai permanecer "manco", educacional e pedagogicamente falando.

Meu enaltecimento da figura do professor-alfabetizador não é mero proselitismo. Ao contrário, essa importância advém de uma convicção amadurecida num percurso de 40 anos de magistério, pela qual a melhoria das escolas brasileiras passa, necessária e prioritariamente, pela valorização dos professores por meio de investimentos em salários justos e condignos. Lamentavelmente, políticas nesse sentido aparecem apenas em períodos pré-eleitorais na forma de empolação e enrolação contínuas. Em que pese o fato de a alfabetização ser um indicador do nível de desenvolvimento social de um país, em que pese o dispositivo da Constituição de 1988, estabelecendo um período de anos para a extirpação do analfabetismo, chegamos ao início do terceiro milênio, 400 anos depois que Gutenberg inventou a imprensa, com um quadro vergonhoso de 15 milhões de analfabetos.

Saindo um pouco do desenho que tento construir sobre a problemática da alfabetização no Brasil e olhando criticamente os contornos até agora construídos nesse ponto da reflexão, creio que o meu desenho se aproxima de *Guernica*, de Pablo Picasso. Ou então meu desenho lembra aqueles quadros sombrios e tétricos do pintor Velásquez. Para confessar a verdade, na intimidade dessa interlocução, não era esse o desenho que eu queria construir. Parece que a minha percepção da realidade socioeducacional brasileira comandou as minhas mãos e a minha consciência até o presente momento, deixando de fora o mistério e a mágica da alfabetização e insistindo nas muitas tijoladas que nós, professores, vimos recebendo com o passar dos tempos. Assim, para que o meu desenho saia do terreno do tenebroso e do pessimista, vou, daqui por diante, ligar em mim a voz da utopia, da esperança e da fantasia – que essa voz oriente os traços do meu desenho, permitindo, também, que nesta reflexão seja incorporado um pouco da dialética da vida de um educado, em cujo bojo encontramos alegrias e tristezas, justiças e injustiças, obediências e transgressões, recuos e avanços. E começo a compor o lado mágico do meu desenho com o arremate do poema de Carlos Drummond de Andrade. Depois de afirmar que os fatos e os acontecimentos do mundo são todos iguais, o poeta destaca que

> (...) o homem não é igual a nenhum outro
> homem, bicho ou coisa.
> Não é igual a nada.
> Todo ser humano é um estranho
> ímpar.[14]

"Não é igual a nada". Eu certamente era um ser humano ímpar, ou melhor, uma criança com 7 anos ou, ainda, um alfabetizando diferenciado, naquela classe de 37 alunos do Grupo Escolar Sinharinha Camarinha, situado em Santa Cruz do Rio Pardo (SP). O fato é que minha professora, d. Antonia, usando a *Cartilha Sodré* e outros recursos de que não consigo me lembrar, ajudou-me a realizar a mágica da alfabetização. A partir das lições e atividades escolares, naquele ano de 1956, eu consegui fazer a intrincada e complexa metamorfose de transformar elementos do sistema de signos da escrita em significado, em realidade viva, para além das linhas. Ser capaz de compreender o sentido referenciado pelas palavras escritas no papel ou no livro colocava-me numa posição inteiramente nova:

---

14 ANDRADE, Carlos Drummond de. *A palavra mágica*: poesia. Rio de Janeiro: Record, 1997. p. 102-103.

[...] as coisas não consistiam mais apenas no que os meus olhos podiam ver, meus ouvidos podiam ouvir, minha língua podia saborear, meu nariz podia cheirar e meus dedos podiam sentir, mas no que meu corpo todo podia decifrar, traduzir, dar voz, a ler".[15]

Das múltiplas autobiografias relacionadas à alfabetização e dos seus vários significados circulando em sociedade, gostaria de destacar pelo menos dois que me parecem muito especiais. O primeiro, mais voltado a questões de ordem política, diz respeito ao *poder do homem* diante do inevitável confronto com os fenômenos da natureza e da cultura. O segundo, mais voltado a aspectos de natureza psicológica, diz respeito ao aumento das fronteiras do diálogo, abrindo caminho para o *combate à solidão.*

Como um processo de alargamento e amplitude de poder, a alfabetização está diretamente relacionada à possibilidade de inserção, de participação e de dinamização do mundo da escrita pelo sujeito. Não querendo diminuir o alcance e a importância dos outros sistemas sígnicos (oral, gestual, imagético etc.), estou convencido de que a compreensão da história, a fruição da literatura, a produção do saber e até mesmo a existência sadia nas sociedades letradas dependem desse rito de passagem, denominado "alfabetização". Enfim, ao atingir e ultrapassar as fronteiras que demarcam o universo da linguagem escrita, ao adentrar esse universo pela alfabetização, o sujeito aumenta, em muito, a sua compreensão sobre a razão de ser das coisas e dos fatos/fenômenos do mundo, capacitando-se e, muito provavelmente, tomando decisões mais coerentes, no que se refere aos rumos da sua vida em sociedade. Por esse ângulo de análise, vale a pena indagar os porquês políticos de ainda existirem 15 milhões de analfabetos esparramados por todos os cantos do nosso país.

No que se refere ao significado da alfabetização como um instrumento de combate à solidão, havemos de lembrar que a alfabetização, no fundo, é um processo que torna mais ampla a nossa capacidade de dialogar e interagir no tempo e no espaço. A velha frase que diz que o "livro é um companheiro de viagem" revela muito bem o cerne desse significado: a distância,

---

15 MANGUEL, Alberto. *Uma história da leitura.* Tradução de Pedro Maia Soares. São Paulo: Companhia das Letras, 1997. p. 18-19.

nos espaços de nossa privacidade, alfabetizados, companheiros que nos induzem e nos convidam a habitar as linhas por eles construídas e, a partir delas, recriar uma multiplicidade infinita de observações sobre a vida. Viver entre as pessoas, entre as paisagens, entre as mídias, viver entre os acontecimentos e entre os livros – tudo isso, em gradações próprias de cada um –, pode sem dúvida levar a um aumento dos nossos circuitos de diálogos, fazendo-nos vislumbrar quem somos e onde estamos situados. O alfabetizado-leitor nunca está sozinho...

Como também não estava sozinha a escritora Lygia Bojunga Nunes ao escrever o seguinte depoimento sobre suas primeiras experiências com os livros:

> [...] desde que eu era muito pequena os livros me deram casa e comida. Foi assim: eu brincava de construtora, livro era tijolo; em pé fazia parede; deitado, fazia degrau de escada; inclinado, encostava num outro e fazia telhado. E quando a casinha ficava pronta eu me espremia lá dentro para brincar de morar em livro. De casa em casa eu fui descobrindo o mundo (de tanto olhar suas paredes). Primeiro, olhando os desenhos; depois, decifrando palavras. Mas fui pegando intimidade com as palavras. E, quanto mais íntimas a gente ficava, menos eu ia lembrando de consertar o telhado ou construir novas casas. Só por causa de uma razão: o livro agora alimentava minha imaginação. Todo dia a minha imaginação comia, comia e comia; e, de barriga assim cheia, me levava para morar no mundo inteiro; iglu, cabana, palácio, arranha-céu, era só escolher e pronto, o livro me dava. Foi assim que, devagarinho, me habituei com essa troca gostosa que – no meu jeito de ver as coisas – é a troca própria da vida; quanto mais eu buscava no livro, mais ele me dava. Mas, como a gente tem mania de sempre querer mais, eu cismei um dia de alargar a troca: comecei a fabricar tijolo para – em algum lugar – uma criança juntar com as outras, e levantar a casa onde vai morar.[16]

---

16 NUNES, Lygia Bojunga. *Livro*. Um encontro com Lygia Bojunga Nunes. Rio de Janeiro: Agir, 1988. p. 7-8.

Dando os retoques finais a este meu desenho que tem como referencial a alfabetização, trago para discussão a forma pela qual concebo esse processo e formulo esquematicamente uma metodologia para o ensino desse processo nas escolas. São formas pessoais de enxergar o assunto, amadurecidas no tempo por um professor que sentiu na própria pele os desafios e as complexidades relacionados à magia da alfabetização, que viveu um pouco das misérias educacionais para levar adiante essa empreitada e que, dentro dos limites do possível, vem estudando curiosamente esse assunto. Com isso, eu quero dizer e lembrar que a minha forma de conceber o objeto (alfabetização) é uma – e não única – forma de definir o processo. O mesmo deve ser entendido para a minha forma de esquematizar uma metodologia de ensino. Enfim, são possibilidades relativas e não receitas para serem copiadas ingenuamente.

Concebo a alfabetização como uma forma específica de conhecimento, que permite que o sujeito, a um só tempo, decifre e compreenda os signos da língua escrita em sua multiplicidade de manifestações ou expressões sociais. Esse conhecimento, uma vez construído, aumenta ou alarga significativamente o potencial de comunicação e interação do sujeito, permitindo-lhe inserção e participação nas conquistas que fazem parte do mundo da escrita.

A metodologia que ora concebo para o ensino da alfabetização tece contribuições de Celéstin Freinet, Paulo Freire e Leon Vygotsky. De Freinet, recupero orientações voltadas aos ambientes naturais de alfabetização e às técnicas para a produção de textos livres. De Paulo Freire, extraio todas as ideias relacionadas à necessária consideração do universo cultural e linguístico dos alfabetizandos. De Vygotsky, retomo as descobertas sobre a relação indicotomizável entre pensamento e linguagem e o seu desenvolvimento por meio de interações sociais em diferentes situações de interlocução. Tendo em vista esses fundamentos, proponho uma metodologia de ensino para o processo de alfabetização com a seguinte estrutura:

Ponto de partida: o universo cultural e linguístico das crianças de 1ª série, aproveitando as suas experiências prévias, especialmente as comunicacionais, para construir pontes pedagógicas que façam valer a relação leitura do mundo/leitura da palavra. Nesses termos, a "passagem" da comunicação oral para a comunicação escrita ocorre de maneira natural e significativa, nunca perdendo de vista a compreensão e a construção de sentidos para os textos.

Ambiente de aprendizagem: rico, diverso e repleto de artefatos da escrita, remetendo as crianças para a multiplicidade dos seus usos sociais. Abrir espaço para o manuseio de textos, construir situações de interlocução com o escrito, dar o testemunho sobre a importância da leitura/escrita, instigar a curiosidade epistemológica das crianças, proporcionar o incremento da sensibilidade estética via literatura etc. são atividades docentes imprescindíveis, criando, nesse ambiente, a espiral crescente de atividades para a inserção do estudante no mundo da escrita.

Mobilização de grupo de alfabetizandos: o mais cooperativa, solidária e transacional possível, aproveitando o potencial de comunicação de cada criança. O falar/ouvir, o gesticular, o desenhar, o colorir, o teatralizar, o cantar, enfim, toda a expressividade das crianças é pedagogicamente recuperada, dinamizada e canalizada para o domínio da leitura/escrita, gerando uma autonomia cada vez maior.

Sob a assinatura de autoria deste meu quadro sobre alfabetização, apresento a seguinte história contada pelo príncipe Modupe, da África Ocidental, quando do seu primeiro encontro com o mundo da escrita:

> Na casa do padre Perry, o único lugar ocupado era o das estantes de livros. Gradativamente cheguei a compreender que as marcas sobre as páginas eram *palavras na armadilha*. Qualquer um podia decifrar os símbolos e soltar as palavras aprisionadas, falando-as. A tinta de impressão enjaulava os pensamentos; eles não podiam fugir, assim como um *dumbu* não pode fugir da armadilha. Quando me dei conta do que realmente isto significava, assaltou-me a mesma sensação e o mesmo espanto que tive quando vi pela primeira vez as luzes brilhantes de Conacre. Estremeci, com a intensidade de meu desejo de aprender a fazer eu mesmo aquela coisa extraordinária.[17]

Acho que alfabetização é essa maravilha de saber desenjaular os pensamentos presos nas armadilhas da escrita...

---

17 Relatado por MCLUHAN, Marshall. *Os meios de comunicação como extensões do homem.* Tradução de Décio Pignatari. São Paulo: Cultrix, 1974. p. 100.

Respostas às perguntas dos participantes

1) A pedagogia histórico-crítica de Saviani, na década de 1980, nos levou a jogar no lixo tudo que havíamos acumulado até então. O movimento hoje é de recuperação ou de transformação?

Resposta: O professor Dermeval Saviani vem dando significativas contribuições ao desenvolvimento da educação e da escola pública brasileira. A pedagogia dialética (ou histórico-crítica ou crítico-social dos conteúdos) pode ser considerada como um avanço na esfera das teorias pedagógicas. Isso em decorrência dos fundamentos políticos e filosóficos dessa pedagogia, bem como do momento histórico em que ela é formulada, ou seja, da abertura democrática, em direção ao rompimento do ciclo das ditaduras. Também essa pedagogia apresenta um vínculo com a escola pública e universal e com as camadas desprivilegiadas da população. Não creio que o movimento hoje seja de recuperação nem de transformação, mas sim de, principalmente, entrar em confronto com a onda neoliberal e neotecnicista que assola o nosso país. Se o "acumulado até então" na década de 1980 disser respeito à pedagogia tecnicista, creio que o "jogar no lixo" pode ser uma atitude positiva e crítica, mesmo porque o tecnicismo não levou, não leva nem levará a nada em termos de melhoria da qualidade do ensino.

2) O que o senhor poderia nos dizer da privatização onde se consideraria a escola como uma empresa?

Resposta: Sou um radical defensor da escola pública em todos os níveis: da creche à universidade. Se cresce o movimento de privatização é porque os nossos governos têm se mostrado incapazes de oferecer uma escola de qualidade para todos. Entretanto, há que se observar um fato: na sociedade capitalista, regida pelo neoliberalismo, tudo se transforma em mercadoria para efeito de comercialização – daí a existência cada vez maior de escolas particulares tipo empresa. O crescimento desse tipo de escola decorre também da própria deterioração da escola pública, que, por sua vez, se desenvolve em decorrência dos descuidos governamentais em relação aos problemas sociais brasileiros. Em função da pobreza das atuais políticas educacionais, o movimento de privatização muito dificilmente parará de crescer.

3) Concordo com a afirmação de que o sucesso do ensino depende da formação do professor. Então por que não existe uma mobilização nacional no sentido de alterar os cursos que são oferecidos pela universidade e faculdades de educação? O que o senhor tem feito nesse sentido? (Luiza, de Brasília.)

Resposta: Fundamentalmente porque o professorado brasileiro ainda não atingiu o nível de *classe-em-si* que luta *para-si*. "Mobilização nacional" é um fenômeno que depende muito da união dos profissionais ou então daqueles trabalhadores que se sentem prejudicados. Os professores têm muito a aprender com o movimento dos sem-terra! Vale a pena ressaltar que o sucesso do ensino não depende apenas da formação de base do professor, mas também dos processos relacionados a sua formação continuada. Venho trabalhando nos dois níveis: colaboro na formação de pedagogos pela Faculdade de Educação da Universidade Estadual de Campinas (Unicamp) e, quando posso, participo de eventos voltados à educação permanente dos educadores.

4) [...] gostaríamos de saber qual é a sua opinião sobre o ciclo básico.

Resposta: A ideia de organização curricular por meio de ciclos é uma tentativa de minimizar os altos índices de evasão e repetência nas escolas públicas do nosso país. Por isso mesmo, essa ideia é positiva e digna de todo o respeito. Considero a "avaliação" a grande bruxa do nosso sistema de ensino, mesmo porque ela vem sendo realizada de maneiras o mais estapafúrdias possível e sem critério nenhum. O ciclo básico, vale lembrar, é o momento de iniciação da criança no contexto da escola e a sua extensão para dois anos é pertinente. Tenho defendido a ideia de que os coletivos docentes, dentro da autonomia que lhes permite a nova Lei de Diretrizes e Bases (LDB), procurem superar os currículos do tipo fábrica e partam, de maneira objetiva e crítica, para a criação de outras formas de dinamização do ensino-aprendizagem. Para esse tipo de empreitada, julgo fundamental o estudo dos escritos de Tomáz Tadeu da Silva, da Universidade Federal do Rio Grande do Sul (UFRGS).

5) Bem que o senhor poderia influenciar o novo secretário de Educação e o governador, que, apesar da oratória, não conseguem ver a necessidade da hora-permanência para que a professora se organize, planeje, elabore!

Resposta: Não sou eu a influenciá-los, mas sim aqueles que, dentro de uma visão de solidariedade de classe, se sentem prejudicados ou oprimidos pelo regime de trabalho.

6) "Criar o que ainda não existe deve ser a pretensão de todo sujeito que está vivo". (Paulo Freire.) (Professoras Alessandra e Anna Carolina, Campo Largo-PR.)

Resposta: Lindo pensamento, válido para todos os homens, de todas as épocas!

7) Há livro ou texto onde o senhor tenha escrito a metodologia que propõe, baseada em Freinet, Paulo Freire e Vygotsky?

Resposta: Aspectos metodológicos do ensino da leitura são tratados no meu livro *Elementos da pedagogia da leitura* (Martins Fontes, 1988).

3. Tijolo com tijolo num desenho mágico[18]

A organização do 11º Cole, por meio do então presidente da Associação de Leitura do Brasil (ALB), o professor Luiz Percival Leme Britto, forneceu-me um tema dos mais desafiadores para eu produzir a conferência de abertura. Confesso a vocês que fiquei por um bom tempo meditando e refletindo sobre o enunciado *Tijolo com tijolo num desenho mágico* e busquei várias alternativas para sair-me dessa. Sair-me bem, se possível. Foram semanas, dias e horas tentando articular um horizonte para minha fala, que eu desejava ser coerente com os fatos sociais e significativa para tanta gente que viaja de tão longe e que vai para Campinas a fim de atualizar seus conhecimentos sobre esse verdadeiro pulmão do saber chamado *leitura*.

Tijolo com tijolo num desenho mágico: o tema batia na minha consciência como um martelo ou então me cutucava feito um espinho, mesmo porque eu já me via diante da imensa plateia, despido de uma linha de reflexão e sem a força exigida para uma conferência impactante. Resolvi então contar e descrever a vocês por onde andei. Resolvi narrar minhas tentativas de costurar

---

18 Conferência de abertura do 11º Cole, organizado pela ALB. Campinas, 15 jul. 1997.

um texto ou construir um cenário até chegar àquele que eu realmente pretendia e que, dentro dos limites das minhas correrias de professor, seria apresentado hoje, pela primeira vez.

Metáfora por metáfora, tijolo por tijolo, iniciei uma primeira reflexão sobre as fortes e persistentes tijoladas que a educação brasileira e, com ela, os professores brasileiros vêm continuamente recebendo das nossas elites e dos nossos governantes ao longo da História. Tijoladas na cabeça, via ideologia, para não deixar pensar, raciocinar e contestar. Tijoladas nas mãos, símbolos da *práxis*, para não deixar transformar e melhorar as coisas da educação e do ensino. E tijoladas nas pernas, símbolos do movimento humano, para não deixar a escola caminhar para frente e, assim, fazê-la permanecer onde e como está. Não fui para frente nesse caminho, porque eu cairia no mundo da pura constatação, descrição e reiteração dos fatos – a imprensa brasileira ou a boca do sociólogo Betinho já revelou as tijoladas sociais e pseudopolíticas a todo instante. Além disso, caiu em minhas mãos e recebeu minha atenção o texto *Macacos!* (ou assim tropeça a humanidade),[19] do ator e poeta paraense Raul Franco, que mostra as mazelas e as desgraças do capitalismo e do neoliberalismo e que, numa das suas partes, diz o seguinte:

> [...] o Brasil continua a ser um "mico" que tenta escalar as árvores primeiro-mundistas. O Brasil continua a copiar modelos, na busca de uma identidade perdida. E os mendigos estão nas ruas. As prostitutas estão nas esquinas. Crianças e adolescentes se encontram no sinal (de trânsito), pedindo esmolas ou então cheirando cola. Uma dona de casa reclama da falta de dinheiro para comprar um quilo de carne e outra pessoa se lamenta por ainda não ter feito uma assinatura da TVA. Ladrões de galinhas estão em cadeias de segurança máxima, e políticos corruptos passeiam pelo exterior, gastando dinheiro público [...]

Tijolo por tijolo, seguindo a linha das palavras ou emblemas que movem a nossa lembrança, como segunda tentativa de compor essa conferência, entrei no mundo construído por Paulo Freire, pensando nas três sílabas TI-JO-LO,

---

19 FRANCO, Raul. Macacos! (ou assim tropeça a humanidade). In: *Unama* comunicado. Belém: Unama, p. 7, n. 879, 7 abr. 1997.

que serviram de estopim a seu método de alfabetização e conscientização. Uma referência e uma reverência ao mestre-educador Paulo Freire seriam oportuníssimas e até necessárias, considerando o seu lamentável falecimento e a inesquecível tese de que a leitura do mundo e a leitura da palavra são práticas indicotomizáveis. Vale lembrar que essa tese foi apresentada pela primeira vez em Campinas, na abertura do Terceiro Cole, em 1981. Matutei muito sobre o conjunto das obras desse grande sábio, reli alguns dos seus textos mais famosos, como *Educação como prática da liberdade* e *Pedagogia do oprimido*, observando os tantos sublinhamentos que fiz nas páginas desses livros ao longo dos tempos e nas minhas diversas releituras de estudo. Porém, resolvi não seguir por essa estrada, porque considero que a análise dos escritos de Paulo Freire – de todos os seus escritos, sem exceção – é uma obrigação de todos os professores brasileiros, principalmente para que eles que tragam sempre consigo as sementes da mudança social, as posturas políticas em favor do nosso povo, as reações eternas contra quaisquer tipos de dominação ou opressão e a esperança de um Brasil melhor, sem essa corja incrustada e reproduzida historicamente nos nossos aparelhos do Estado. É ainda uma obrigação que se faz redobrada em termos de necessidade, à luz da seguinte afirmação de Paulo Freire num dos seus últimos livros: "Não é possível pensar a linguagem sem pensar o mundo social concreto em que nos constituímos. Não é possível pensar a linguagem sem pensar o poder, a ideologia".[20]

Tijolo por tijolo, pulando agora para a questão dos alicerces e dos fundamentos, fui conduzido aos campos teóricos da leitura na forma de outro cenário para esse Cole. Desci das prateleiras da minha biblioteca particular as obras dos autores pós-1980, que dão uma significativa contribuição ao entendimento do ato de ler e das práticas sociais de leitura. Tudo isso no intuito de talvez oferecer a vocês aqui, hoje, nesta manhã de terça-feira, um amálgama heterodoxo ou uma síntese abrangente das modernas abordagens a respeito desse diálogo complexo e misterioso chamado *leitura*. Ordenei uma pilha de livros teóricos em cima da mesa de meu escritório: o *construtivismo* piagetiano retomado e melhorado cientificamente por Emília Ferreiro – o erro construtivo, o ambiente alfabetizador e leiturizador; o *sociointeracionismo*

---

20 FREIRE, Paulo. *A educação na cidade*. São Paulo: Cortez, 1991. p. 46.

de Bakhtin e Vygotsky – a zona de desenvolvimento real e a zona de desenvolvimento potencial. Roger Chartier, na linha da história nova, abrindo caminhos insondáveis para uma compreensão crítica das práticas culturais, como as de leitura, na constituição das mentalidades ao longo da evolução da humanidade. Pecheux e as bases da análise do discurso, revelando as íntimas relações entre as formações discursivas e as formações ideológicas. Gadamer e outros seguidores alemães fornecendo os pilares *da estética da recepção.* Eu desempilhava e reempilhava os livros desses monstros sagrados da linguagem, da escrita e da leitura, mas não me encantava ou seduzia a ideia de recuperar conceitos e princípios teóricos para efeito de uma conferência de uma longa hora, sob o risco de cair num sincretismo ligeiro, mal-acabado ou sob o risco de colocar um tijolo fora do prumo no edifício dessa conferência. Recoloquei todos esses autores nos vazios deixados nas prateleiras e comecei a pensar sobre um esquema mais atraente e menos acadêmico de apresentação.

Tijolo por tijolo, agora no terreno das matérias-primas, lembrei-me de que o barro com que se faz o tijolo já foi também, em determinado ponto da história, um suporte da escrita. A pedra, a madeira, o barro, o papiro, a pele de animal, o papel, até chegar à tela do computador na qual eu produzia o texto desta conferência. O homem e as extensões da sua inteligência nos múltiplos registros da cultura. Cada registro impondo modos diferenciados de ler e manusear a escrita ao longo dos tempos. Adentrei a *semiótica* de Umberto Eco, mas me vi meio perdido nos meandros daquela biblioteca medieval, tão bem mostrada em *O nome da rosa* – quase me vi envenenado pelo desespero de não encontrar uma saída satisfatória para alinhavar essa conferência. Ainda na esfera dos suportes da escrita, cheguei a namorar alguns livros na área da *cibernética* e da *telemática,* mas fiquei com um pouco de medo de levantar a velha lebre da possível morte do livro em decorrência do surgimento das novas tecnologias de comunicação e da pretensa hegemonia da imagem nos dias de hoje. Elas por elas e pelo som alarido das palavras *cibernética* e *telemática,* dando uma certa coloração de antipatias, também fui levado a abandonar essa trilha de reflexão.

Tijolo por tijolo e lembrando que tijolo significa a transformação da natureza em benefício do homem e, por isso mesmo, é uma peça da cultura, cheguei a esboçar um *script* com pitadas da cultura genuinamente campineira.

Este seria ensaiado e apresentado por vários artistas da terra. Talvez essa fosse uma forma elegante de recepcionar, meio à moda do turismo cultural, os diversos participantes do Cole, desejosos de saber o que há para ser culturalmente deglutido e digerido por aqui. Assim, eu ressuscitaria o compositor Carlos Gomes, convidando o maestro Benito Juarez para tocar com a Orquestra Sinfônica de Campinas a protofonia da ópera *O Guarani*, aquela que era tocada todas as noites, às 19 horas, na *Hora do Brasil*, que geralmente ninguém escuta. Não, talvez fosse melhor algo mais simples e mais chão brasileiro de Carlos Gomes, como a modinha *Quem sabe*, com o seu singelo início: "Tão longe de mim distante, onde irá, onde irá meu pensamento...". Para adoçar ainda mais o sabor artístico-cultural destas campinas, selecionaria um pouco da poesia de Guilherme de Almeida, o Príncipe dos Poetas Brasileiros, solicitando que as campineiras Regina Duarte e Maitê Proença, em dupla global, recitassem o poema *A rua das rimas*, evidenciando o lado noturno dessa rua: "[...] e de noite, no ócio capadócio/ Junto aos lampiões espiões, os bordões dos violões/ E a serenata ao luar de prata:/ Mulata ingrata que me mata[...]." Dentro desse caldeirão cultural campineiro, eu ainda procuraria por trechos lapidares dos educadores Rubem Alves e Dermeval Saviani, ou, só para não dizer que não carrego comigo preconceitos de nenhum tipo, eu convidaria o animador Faustão para entrevistar jogadores de futebol do Guarani e da Ponte Preta sobre seus hábitos de leitura. E encerraria com *chave de ouro* o meu *script*, convidando Chitãozinho e Xororó para cantar a música *Coração sertanejo* para nos lembrar da novela *Rei do gado*: "Andei, andei, andei, até encontrar, este amor tão bonito que me fez parar [...]". Só que a minha produção custaria o olho da cara aos organizadores do Cole, gerando problemas na hora de prestar contas às entidades financiadoras de apoio. Além disso, podia até ser que o Faustão resolvesse trazer a Carla Peres, com um par de arredondadas nádegas que não caberiam nos limites deste diminuto palco. Dessa forma, abandonei o cenário em função da sua inviabilidade econômica e das deficiências de infraestrutura de palco, som e iluminação. Ou então da minha restrita habilidade para dirigir um espetáculo mastodôntico como esse. Ficaria o convite para que os nossos queridos visitantes alimentassem a sua curiosidade cultural e, por meio da leitura de olho e/ou de ouvido, procurassem conhecer essa turma da pesada por meio de outros veículos.

O dia da abertura do Cole estava se aproximando rapidamente, e nada de eu juntar tijolo com tijolo para levantar as paredes do texto. O meu desespero virou angústia. O diabinho pulava no meu ombro direito, espetando-me com o seu garfo pontudo e gritando com alegria: "Vai se ferrar! Não tem nada para dizer! Vai levar é tijolada e tomate podre e ovo choco do pessoal!". Mas meu anjinho no ombro esquerdo me acalmava, soprando suavemente no meu ouvido: "Paciência, que o mundo da leitura é grande e vasto. Remexa os tijolos da sua memória. Leia com mais atenção, com mais intensidade, o título da exposição 'Tijolo com tijolo num desenho mágico'. Olhe, você está falando muito sobre tijolo, mas está deixando a mágica de fora!".

Meu anjinho estava certo! Talvez por minhas propensões de bandear-me, quase sempre, para as posições de esquerda nas minhas análises da realidade e os meus posicionamentos políticos, os meus olhos estavam muito mais voltados à parte esquerda do enunciado do título, conforme aparecia no papel. Quer dizer: eu estava prestando atenção somente na expressão "tijolo com tijolo", do lado esquerdo, e me esquecendo da sua complementação, ou seja, "num desenho mágico", que perfaz o lado direito do título. Quando me dei por isso, confesso a vocês que percebi, quase de imediato, um quadro muito produtivo e positivo de reflexão, quadro esse voltado à mágica ou magia da leitura.

Desenhar ou compor a mágica, a magia ou o mistério da leitura: já estavam comigo presentes o desafio e o horizonte maiores da conferência de abertura do 11º Cole. Era agora, como recomenda Lulu Santos: "Abrir as minhas asas e soltar as minhas feras".[21] Deixar-me levar pela fascinação, pela curtição, pelo magnetismo e pelos encantos da leitura, buscando e construindo um mosaico articulado sobre uma das maravilhas da cultura humana. Quase imediatamente, aquela definição de livro, como misturada em poção mágica pela escritora, ou melhor, pela "ilusionista" Lygia Bojunga Nunes, logo se ofereceu para estimular os meus modos dionisíacos de ser, pensar e escrever. Diz ela:

> Para mim, livro é vida: desde que eu era muito pequena os livros me
> deram casa e comida. Foi assim: eu brincava de construtora, livro era

---

21 "Abra suas asas, solte suas feras": trecho da música *Dancing days*, cantada por Lulu Santos.

tijolo; em pé fazia parede; deitado, fazia degrau de escada; inclinado, encostava num outro e fazia telhado. E quando a casinha ficava pronta eu me espremia lá dentro para brincar de morar em livro. De casa em casa eu fui descobrindo o mundo (de tanto olhar suas paredes). Primeiro, olhando os desenhos; depois, decifrando palavras. Mas fui pegando intimidade com as palavras. E quanto mais íntimas a gente ficava, menos eu ia lembrando de consertar o telhado ou construir novas casas. Só por causa de uma razão: o livro agora alimentava minha imaginação. Todo dia a minha imaginação comia, comia e comia; e de barriga assim cheia, me levava para morar no mundo inteiro; iglu, cabana, palácio arranha-céu, era só escolher e pronto, o livro me dava. Foi assim que, devagarinho, me habituei com essa troca gostosa que – no meu jeito de ver as coisas – é a troca própria da vida; quanto mais eu buscava no livro, mais ele me dava. Mas como a gente tem mania de sempre querer mais, eu cismei um dia de alargar a troca: comecei a fabricar tijolo para – em algum lugar – uma criança juntar com as outras, e levantar a casa onde vai morar.[22]

Ao lado dessa ilusionista, outro ilusionista ou bruxo, também alquimista da imaginação, chamado Carlos Drummond de Andrade, tinha que necessariamente fazer parte desse mosaico, desse desenho mágico, para nos envolver na sua magia simpática, no tempo e no espaço. Deixemos então que ele dê a alfinetada no bonequinho zumbi, com uma parte do seu conto plausível "Um livro e sua lição", para nos afetar com o seguinte:

> Poucos livros são como este livro. Aparentemente, igual a muitos. Mas, se o abrires em qualquer página, encontrarás de cada vez um texto diferente.
>
> [...]
>
> Não o comprei. Achei-o no porão de uma casa onde só havia trastes abandonados e teias de aranha. Ao descobrir sua inacreditável raridade, fiquei trêmulo e guardei o segredo até dos mais íntimos.
>
> Este livro extraordinário me explicou o sentido do mundo, que varia sempre e não se subordina a qualquer filosofia. Explicação que não se

---

22 NUNES, Lygia Bojunga. *Livro*. Um encontro com Lygia Bojunga Nunes. Rio de Janeiro: Agir, 1988. p. 7-8.

explica, pois sendo infinitas as variações quaisquer delas só dura o tempo da leitura de uma página, ou meia.[23]

Se o mundo é vario, é diverso, é multifacetado para o escritor ou o autor/produtor de magias, esse mundo torna-se também e talvez até mais vário, diverso e multifacetado para os leitores, com os seus diferentes interesses, sentimentos e estados de espírito nos momentos de leitura.

> Lutar com palavras é a luta mais vã./ Entanto lutamos/ mal rompe a manhã./ São muitas, eu pouco./ Algumas, tão fortes/ como o javali./ Não me julgo louco./ Se o fosse, teria/ poder de encantá-las./ Mas lúcido e frio,/ apareço e tento/ apanhar algumas/ para meu sustento/ num dia de vida./ Deixam-se enlaçar,/ tontas à carícia/ e súbito fogem/ e não há ameaça/ e nem há sevícia/ que as traga de novo/ ao centro da praça. [...][24]

E eu, pobre mortal, premido pela chegada do Cole, como um louco, gritando como as atuais galeras nacionais "Eu tô maluco! Eu tô maluco!", tentando magicar um caleidoscópio, fruto das alquimias que me fizeram e me fazem leitor cotidianamente, para interferir no espírito dos que participam deste evento. Um dos poderes fascinantes da escrita e da leitura é a possibilidade da cisma e do devaneio, puxados pela nossa capacidade de imaginação e pelo nosso estoque de lembranças dentro do pingue-pongue claro/escuro, dito/não dito, explícito/oculto, estranho/familiar etc. O fenômeno extraordinário dos rituais de leitura, que encarnam reciprocamente texto e leitor, situa-se dentro desse jogo dialético mentalmente constituído e movimentado, capaz de sustentar a ação e a concentração de sujeitos num tempo e num espaço delimitados. Nesse nosso tempo e espaço, tão homogeneizador ou massificador da consciência pelos efeitos globalizantes dos *mídia*, vivenciar práticas e leitura, tragar assiduamente as poções mágicas dos bons escritores significa o adentramento nos territórios da diversidade, fantasiando maneiras alternativas de ser e existir em sociedade.

---

23 ANDRADE, Carlos Drummond de. Um livro e sua lição. In: *Contos plausíveis*. Rio de Janeiro: José Olympio, 1985. p. 156.

24 Idem, O lutador. In: *José & outros*. Rio de Janeiro: José Olympio, 1967. (Coleção Sagarana, n. 17).

"Abra suas asas, solte suas feras!" – ao som do ritmo quente e envolvente de Lulu Santos, eu ia procurando as feras e os demônios que, pela magia da palavra metamorfoseada, produziram a cabeça deste leitor que lhes fala e que, uma vez compartilhados, mesmo que minimamente, poderiam criar um clima de encantamento aos trabalhos desse Congresso. Aí me lembrei de outro prestidigitador, o poeta Manuel Bandeira, também fabricante de poções mágicas muito eficazes, fazendo-nos pensar sobre o tipo de lirismo necessário aos tempos contemporâneos:

> Estou farto do lirismo comedido/ Do lirismo bem comportado/ Do lirismo funcionário público com livro de ponto expediente protocolo e manifestações de apreço ao Sr. diretor./ Estou farto do lirismo que para e vai averiguar no dicionário o cunho vernáculo de um vocábulo/ Abaixo os puristas/ (...) Estou farto do lirismo namorador/ Político/ Raquítico/ Sifilítico/ De todo lirismo que capitula ao que quer que seja fora de si mesmo./ (...) Quero antes o lirismo dos loucos/ O lirismo dos bêbados/ O lirismo difícil e pungente dos bêbados/ O lirismo dos clowns de Shakespeare/ – Não quero mais saber do lirismo que não é libertação.[25]

Quanta verdade contida nessa poética de Manuel Bandeira: lirismo, leitura, libertação. Livro, liame, linguagem. Labuta, luta, lavra, luminescência. Limbo, lodo, lava, literatura. Luzeiro, libido, livre, lastro. Lactância, lenda, legado, largura. Língua, lousa, léxico, ligadura. Lanterna, liquidificador, luneta, limiar. Lubrificação, laivos, lastros, lembranças. Lenha e lenho. Lema e leme. Lupa: latitude e longitude. Lento, lépido, latejante. Libelo, Lobato, levante, liberdade.

"O correr da vida embrulha tudo, a vida é assim: esquenta e esfria, aperta e daí afrouxa, sossega e depois desinquieta. O que ele quer da gente é coragem".[26] "Mire e veja: o mais importante e bonito do mundo, é isto: que as pessoas não estão sempre iguais, ainda não foram terminadas – mas que elas sempre estão mudando. Afinam ou desafinam. Verdade maior. É o que a vida me ensinou. Isso que me alegra, montão".[27]

---

25 BANDEIRA, Manuel. Poética. In: *Libertinagem*. Manuel Bandeira. Poesia Completa e Prosa. 2. ed. Rio de Janeiro: José Aguillar, 1967. p. 247-248.

26 ROSA, João Guimarães. *Grande sertão:* veredas. 4. ed. Rio de Janeiro: José Olympio, 1965, p. 241.

27 Idem, ibidem, p. 20-21.

Ler e viver, viver e ler são descuidos prosseguidos nas penumbras da linguagem. E, de repente, mais que de repente, me dei conta de que já estava entrando nos circuitos da *gandaia da leitura*: as feras, os demônios e os bruxos estavam me fazendo voar alto demais; estavam me fazendo esquecer que eu, com esse caleidoscópio maluco, podia perder de vista os meus interlocutores da tão esperada conferência. Ou então ia deixar todo mundo muito doidão, misturando os ingredientes da minha poção de agora.

Daí me lembrei da necessidade de procurar a letra e a melodia do poema *Construção*, em que se localiza o enunciado do título que estava me servindo como desafio nessa manhã, "Tijolo com tijolo num desenho mágico". Fui à minha discoteca de vinil, meio empoeirada, separei todos os meus discos arranhados do Chico Buarque de Hollanda, mas não encontrei em nenhum deles a faixa *Construção*.

Faltava-me esse tijolo para as camadas da reflexão pretendida – foi telefonema para todo lado, mobilizando todos os meus amigos no sentido de me ajudarem com a magia. Isso tudo em uma quinta-feira, dia 10 de julho, quando eu já estava totalmente dopado e pirado com as poções mágicas de leitura que vinha tomando desde as semanas anteriores.

A busca que empreendi para localizar um bom samaritano que possuísse a gravação original de *Construção* daria uma longa história e talvez preenchesse, com seus incidentes e percalços, todo o tempo previsto para a conferência. O Guilherme bem que tentou, mas não encontrou o disco. A Raquel Salek abriu o baú, tirou seus 11 discos do Chico, mas não havia a peça rara. A Luciane me trouxe um CD novinho em folha que tinha até a letra, mas era uma remodelação meio modernosa da música, cantada por uma cantora desconhecida e com um arranjo perneta, que suprimia uma boa parte da letra. A Lílian, em casa, entoava proparoxítonas da música só para me torrar a paciência... A Raquel Salek me telefonou de novo, informando que uma prima sua possuía um disco antigo do Quarteto em Cy, mas era um *pot-pourri* em que aparecia apenas uma parte de *Construção*. Até que uma aluna do Guilherme, que nem sei o nome, me contou, lá no corredor da faculdade, que a Corinta Geraldi tinha tocado essa música em uma das suas aulas. Corri imediatamente à casa do Wanderley Geraldi, que, na primeira entrada na prateleira da discoteca e três rápidas puxadas, encontrou-me a pérola sagrada.

Com a gravação original em mãos, com letra, melodia e voz de Chico Buarque, eu comecei a desenhar o início da conferência, talvez ao modo de Gabriel García Márquez em *Crônica de uma morte anunciada,* ou talvez ao estilo inventivo de Ana Maria Machado em *História meio ao contrário.* Leria pausada e expressivamente a letra da música e buscaria analogias possíveis com o temário do 11º Cole: a voz e a letra dos excluídos. Pelo ângulo temático, aproximaria a vida e as ações do personagem da música com as desgraças e as misérias da vida do professorado brasileiro, mas esse caminho já era muito evidente. Pelo lado político, arriscaria uma interpretação voltada à transformação do desenho mágico em desenho lógico – lógico porque regido pela lógica do capitalismo ou pela lógica da racionalidade técnica no Terceiro Mundo, mas esse tipo de análise já era chão muito batido. Pelo ângulo linguístico, evidenciaria como a proparoxitonia das palavras nos versos, além de indicar todo um artesanato de linguagem, pode sinalizar o Brasil coxo e manquejante, que explora e oprime os trabalhadores; mas essa orientação revelou-se por demais demorada, fazendo entrar pontualmente na esfera das acentuações, das assonâncias e dissonâncias e fazendo parecer aquelas chatíssimas aulas de gramática. Pela vertente propriamente musical, mostraria como essa letra do Chico guarda algumas relações com a valsa *Morte de Angélica,* cantada por Alvarenga e Ranchinho nos idos de 1950. Novamente me vi juntando tijolo com tijolo dentro de uma lógica estritamente racional, esquecendo-me do desenho mágico.

Não, meio acabrunhado, meio envergonhado, eu confessaria aos meus amigos do Cole que não tinha encontrado o que dizer. O tema da conferência me fizera cativo e prisioneiro – o máximo que consegui fazer foi chacoalhar o caleidoscópio das lembranças e das memórias de leitura, conduzindo pelos impulsos da imaginação e, com eles, totalmente mergulhado numa confissão poética de Fernando Pessoa:

> Tudo o que sonho ou passo,/ O que me falha ou finda,/ É como um terraço/ Sobre outra coisa ainda./ Essa coisa é que é linda./ Por isso escrevo em meio/ Do que não está ao pé,/ Livre do meu enleio,/ Sério do que não é,/ Sentir? Sinta que lê![28]

---

28 PESSOA, Fernando. Isto. In: *Cancioneiro.* Fernando Pessoa. Obra poética. Rio de Janeiro: José Aguillar Editora, 1972. p. 165.

Então, clamando por compreensão e complacência, chegada a hora fatal dessa nossa interlocução no Cole, eu pediria que todos lessem, ouvissem e cantassem a música *Construção* com Chico Buarque. E procurassem sentir o que bem quisessem sentir e procurassem construir, como sujeitos de leitura que são, seus infinitos desenhos mágicos, unindo seus muitos tijolos de memória, de desejo e de imaginação.

Capítulo 4: Forrobodó da Leitura: uma passagem da desconhecença para a sabença[1]

Quando iniciei a criação desta conferência para o encerramento do Cole, muitas ideias dançaram e rodopiaram na minha cabeça. Um Cole supersignificativo para mim, no qual eu receberia uma homenagem em reconhecimento talvez a algumas ideias a ações que serviram para justificar os propósitos políticos do evento ao longo dos seus 25 anos. Durante e depois dessa homenagem, eu certamente ficaria emocionado, com um nó de felicidade na garganta, com uma viração na boca do estômago, com os olhos embaçados por lágrimas de alegria e, em função disso tudo, com sérias dificuldades para propor e aprofundar princípios voltados às dinâmicas do maravilhoso universo da leitura. Nas minhas caminhadas matinais anticolesterol e prenunciadoras da inevitável chegada da terceira idade, fui matutando sobre possíveis substâncias que pudessem minimamente corresponder aos múltiplos interesses da grande plateia que eu teria pela frente. Cheguei até a pensar que depois de quatro dias de trabalho, depois de exposições e debates, circundados por um vasto oceano de livros e de lançamentos, eu não teria mais nada para falar a respeito do ato de ler; estariam todos, a essa altura do campeonato, exaustos pelas maratonas por entre os prédios da Unicamp, comprometidos com novas agendas de leitura e mais do que certamente santificados nos píncaros da sabedoria por terem

---

1 Conferência de encerramento do 14º Congresso de Leitura do Brasil. Campinas, 2003.

conseguido sobreviver ao desfile de tanta gente boa que se reuniu aqui em Campinas naquela semana.

Entrei num vaivém no sentido de chegar a uma fala que pudesse equilibrar dinamicamente as alegrias referentes à homenagem com as expectativas de expansão de conhecimentos, trazidas pela plateia. Vendo a minha ansiedade e angústia, Lílian, minha esposa, sarcasticamente perguntou na frente das crianças num almoço lá em casa: "Por que você não falta no dia? Assim fica tudo fica resolvido...". Confesso que essa indireta marota e espirituosa serviu para me empurrar mais rapidamente ao enredo desta conferência.

Após revirar as minhas memórias, ganhou corpo à força um traço de cultura dos índios calapalos, que me foi contada durante uma pescaria que fiz no alto rio Xingu. Os calapalos vivem em pequenas comunidades dispersas na Floresta Amazônica. Quando se encontram, essas comunidades contam o número de pessoas reunidas e depois, em completa felicidade, organizam uma longa festa conforme os dias que correspondem a esse número. Ou seja, a pajelança do reencontro homenageia cada uma das pessoas cujo destino levou a se reencontrarem. Por achar essa tradição muito bonita e tão completamente contrária à vida veloz e despedaçada que hoje vivemos nos centros urbanos, resolvi então organizar minha conferência à moda calapalo. Com algumas diferenças, é claro: permanece a minha vontade de contra-homenagear individualmente cada um dos (milhares de) participantes do Cole aqui reunidos; reduzo os cerca de três mil dias ou oito anos de festa para um ritual de uma hora (ou menos) no máximo (faço isso a bem dos seus familiares, ausentes da tribo por força das circunstâncias), e assumo, como os calapalos, o reencontro como um motivo de festa, e a festa como um momento de vivência da cultura, nesse caso ainda como um ritual consagrado à celebração das práticas de leitura no Brasil e àqueles, ou seja, aos professores, a quem cabe por dever de ofício capacitar para o exercício dessas práticas.

Em clima de festa, pretendo fazer com vocês uma ligeira – e talvez imperfeita (por motivos de tempo) – viagem pelo Brasil e uma curta viagem para dentro de si, saboreando um gostinho de prazer. Assim, reunidos todos os meus esforços, quero ser capaz de entregar a cada amigo e amiga a minha afetividade – um cafuné de longe de pensamento, mas ainda um cafuné...

Quero também que este Cole seja um resumo do mundo por meio de textos que se entrelaçam, enredam e respiram na participação alegre de cada um, tendo no horizonte a implementação de ações para a mudança da sociedade. Por isso mesmo, abraçando comigo esse leque de desejos e cheirando as contradições do Brasil e da educação brasileira nessas últimas quatro décadas, não posso deixar de invocar os personagens João Grilo e Chicó, criados pelo grande escritor Ariano Suassuna. Que essas duas criaturas imaginariamente se sentem aqui conosco nessa roda em função de sua inteligência e sagacidade contra os poderosos. Com as energias desses dois representantes autênticos do povo, quero revigorar as nossas virtudes de esperteza, astúcia e imaginação na luta contra os poderosos, os cooptados pelo poder, os desmemoriados e os progressistas de araque.

Já servindo o aperitivo da festa, retorno e reconto outra história que ouvi recentemente e que também retoma a sabedoria dos indígenas brasileiros: "Um velho índio assim descreveu certa vez seus conflitos internos: 'Dentro de mim existem dois cachorros, um deles é rebelde e conflituoso, o outro é dócil e obediente. Os dois estão sempre brigando'. Quando então lhe perguntaram qual dos dois cachorros ganharia a briga, o sábio índio parou, refletiu e respondeu: 'Aquele que eu alimento'."

Além de baixarem em si as artes e as artimanhas de João Grilo e Chicó, gostaria muito de que os participantes desta festa-viagem alimentassem o seu lado de cão rebelde e conflituoso, os seus humores dionisíacos, se esforçassem para rebolar ao sabor de alguns ritmos nacionais e fossem sensíveis ao poder das marcas que vamos deixando nos caminhos trilhados. Fico torcendo para que o resultado da festa seja um apuro do faro, para que vocês sejam capazes de sentir alguns outros aromas ou perfumes que a vida brasileira, apesar do programa de crises em que os irresponsáveis e aproveitadores nos afundam, ainda é capaz de proporcionar. Como enfeites de festa, igual a dois grandes balões verde-amarelos, suspendo no ar deste auditório duas perguntas geradoras: a quem afinal, queremos emprestar os nossos talentos, os nossos esforços, os nosso trabalhos, a nossa vida como professores? Para qual visão de mundo, de sociedade, de escola, de linguagem e de leitura queremos direcionar as nossas ações docentes?

Essas duas perguntas de natureza finalística levam a pensar sobre o lado quixotesco e sonhador do trabalho docente. A vertente filosófica e política da nossa sofrida profissão ultrapassa as dimensões cognitivas do conhecimento para atingir a região das condutas, das atitudes e dos valores. Essa ultrapassagem nos impõe uma vigilância constante dos rumos da sociedade; e, se das leituras vigilantes resultarem uma constatação de injustiças sociais, lutar contra essas com os instrumentos de que dispomos e da militância. Temos que ser quixotes sempre, fantasiando uma sociedade melhor e lembrando que o teor político do ensino, conforme homeopaticamente construído no cotidiano das salas de aula, ainda que não produza revoluções imediatas, jamais se torna inútil – isto porque as visões críticas da realidade ficam firmemente encarnadas na consciência dos estudantes.

Epa, levado por meu entusiasmo, estou me esquecendo de uma saudação mais informal a vocês... a palavra Quixote me fez pensar em pixote (aquele do filme, que depois foi assassinado na vida real) e me lembrou de "xote" – uma dança envolvente dos bailes e forrós brasileiros. O xote é um tipo de música que representa muito bem a vivacidade, a alegria, o balanceio, o improviso e o virtuosismo do povo brasileiro. Tenho comigo – e alguns autores tendem a concordar – que a identidade dos brasileiros sempre envolveu uma aptidão ilimitada para a alegria, um gosto acentuado pelas cores exuberantes e uma crença saudável em atender, ao mesmo tempo, às necessidades da carne e do espírito. Só que o neoliberalismo, movido pelas leis do lucro e movimentado pela aculturação globalizante, vem corroendo os traços mais marcantes da nossa identidade cultural, substituindo-os por padrões comportamentais oriundos do paradigma calvinista de homem e de trabalho. Renuncia-se ao prazer de viver, ao prazer de ser autenticamente brasileiro nos moldes da diversidade que nos caracteriza como nação, em benefício da produtividade e do rendimento máximos para o fortalecimento dos mercados.

Fazendo um contraponto a essa tendência fria, desnacionalizante e maquiavélica, saúdo a todos com muitos abraços, afagos e beijos, convidando-os a se situarem numa primeira sessão de aconchego, solidariedade, carinho e amor. Para esquentar a nossa alegria, eu trago do sul do País uma saudação, em forma de xote, do Gaúcho da Fronteira, para fazer a gente se juntar e ultrapassar fronteiras. Comecemos o nosso forrobodó da leitura com esta saudação sulina:

> Eu tô chegando devagar e bonitinho
> Vim parando no caminho
> Pra chegar de madrugada
> Sou conhecido como beijador de china
> Vim fazer uma faxina nos "beiço" da mulherada [...][2]

Que tal agora darmos uma beijoca furtiva numa fotografia instantânea do Brasil? Machado de Assis, no seu tempo, brilhantemente retratou a distinção que existe entre o Brasil oficial e o Brasil real. Essa divisão é oportuna porque, sob minha ótica, o Brasil oficial de hoje, o Brasil deste início de terceiro milênio, sobrevive de uma lábia escorregadia, de transformismo ou cooptação atroz por parte de muitos políticos, de uma discurseira mentirosa que se arrasta por diversos governos e por uma montanha de verborragia esparramada pelas agências da indústria cultural e pela mídia reacionária. O Brasil oficial está doente, e a sua cura somente poderá nascer no âmbito do Brasil real. Nós, professores, temos o papel de suma importância da denúncia no combate às doenças parasitárias dos aparelhos oficiais. Para isso, além de alimentarmos ininterruptamente a virtude da esperança, temos que assumir de vez, sem preconceitos, e valorizar sobremaneira os troncos negro, indígena e ibérico da nossa cultura, enfrentando corajosamente o cosmopolitismo achatador, uniformizador, monótono e opressor dos preceitos neoliberais.

Mas deixemos essas tristezas de lado e vamos prosseguir com a nossa viagem e a nossa festa, trazendo para cá o cheiro de uma rancheira da esperança, passando pela região do Pantanal, rumo ao norte brasileiro.

> Nossa viagem não é ligeira
> Ninguém tem pressa de chegar
> A nossa estrada é boiadeira
> Não interesa onde vai dar

---

2   FRONTEIRA, Gaúcho da; MILONGUEIRO, Velho. Lambendo espoleta. In: *Gaúcho da Fronteira*. Balança Brasil. Porto Alegre: Disc Press, [s.d]. 1 CD. Faixa 5.

> Onde a Comitiva Esperança chega
> Já começa a festança
> Através do rio Negro, Nhecolândia e Paiaguás
> Vai descendo o Piquiri, o São Lourenço e o Paraguai [...][3]

Vivendo uma festa neste Cole, entrelaçando ritmos e ideias em consagração à leitura, gostaria de fazer uma leitura – meio que dinâmica – de outra festa. Considero que, entre as festas populares brasileiras, a mais rica em termos de mestiçagem é o bumba-meu-boi, chamado no Norte, aonde agora estamos passando em nossa viagem, de boi-bumbá. Os brancos trouxeram o enredo da festa, os negros acrescentam o ritmo e os índios emprestaram as suas danças. O autor popular original conta a história de Catarina, uma escrava que leva o seu homem, o negro Chico, a matar o boi mais bonito da fazenda para satisfazer-lhe o seu desejo de grávida, ou seja, comer a língua do boi. Descoberto o malfeito, o fazendeiro, que encarna a figura do poderoso coronel e latifundiário, ordena que os índios capturem o criminoso e tragam de volta o boi, mesmo que morto. Para ressuscitar o boi, são chamados os pajés das tribos. Finalmente ressurgido o boi e perdoado o negro, a pantomima termina numa festa cheia de alegria e animação de todos. Por que estou eu aqui falando de boi-bumbá no encerramento de um Congresso de leitura? É que na raiz dessa festa popular reside a consciência das contradições sociais. Ao reviver a festa, ao cantar e dançar, somos lembrados do poder que nos oprime, do autoritarismo que nos domina e contra os quais temos de lutar, detectando as suas ramificações na estrutura social. Ainda dentro dessa minha leitura do boi-bumbá, gostaria de ressaltar a sua íntima relação com o batuque, de origem exclusivamente africana (banto), que, nos seus primórdios, foi uma luta popular na qual os lutadores tinham que ficar em pé, sem cair e sem jamais perder o equilíbrio durante as contendas. A luta dos educadores brasileiros em prol da superação das injustiças sociais tem muito a ver com as origens do boi-bumbá e de seu antecessor, o batuque. Permanecer em pé e altivo a todo custo e a todo instante, apesar das forças que querem destruir a educação pública, gratuita e universal por todo o território nacional.

---

3   SATER, Almir; SIMÕES, Paulo. Comitiva esperança. In: *Pantanal 2000*. Campo Grande: Governo do Mato Grosso do Sul, 2000. 1 CD. Faixa 5.

Esse rápido passeio pelas entranhas de um ritmo brasileiro talvez nos ajude a enxergar um dos propósitos básicos da leitura crítica, que é fazer o sujeito leitor revelar ou desvelar as origens históricas das contradições existentes em sociedade. Ler e entender essas contradições de modo que os nossos posicionamentos não sejam tolos e de modo que as nossas ações para a sua compreensão possam ser executadas em bases racionais. Como sempre quis o mestre Paulo Freire, a leitura da palavra deve constantemente abrir perspectivas para um entendimento profundo das múltiplas facetas do mundo, para enxergar o invisível a partir da concretude dos símbolos, para fazer falar ao silêncio ideológico escondido nos discursos.

Com essa consciência em mente, convido a todos para se entregarem a uma ciranda amazonense. Salteiem como uma cunhã-poranga na festa do boi-bumbá!

> Salteia, salteia, salteia
> Salteia no meu boi-bumbá
> Morena entre nessa dança
> Girando pra lá e pra cá
>
> Salteia, salteia, salteia
> Salteia no meu boi-bumbá
> Moça bonita, cunhã-poranga
> Estrela do boi mangangá [...][4]

Já do meio para o fim da nossa festa, gostaria de proporcionar um pouco de descanso, alegria e reflexão com duas preciosidades da literatura brasileira – brasileira do Nordeste, por onde estamos agora passando em nossa viagem pelo Brasil. Essas duas leituras querem mostrar que nós, brasileiros, temos um repertório imenso de textos maravilhosos para se contrapor ao lixo cultural que nos chega a todo instante sem convite prévio. No meu ponto de vista, o professor não pode nem nunca deve se curvar ao chamado "gosto médio", pretendido pela indústria cultural de massa; o tempo escolar

---

4 DIMAS, Raimundo. Boi Mangangá. In: *Raízes caboclas:* Jaraqui. Projeto valores da terra. Manaus: Prefeitura de Manaus, 2000. 1 CD. Faixa 6.

dos jovens é por demais precioso e deve ser aproveitado com aquilo que é bom literariamente ou, no mínimo, razoável em termos de estética e artesanato de linguagem. Sempre assumi o ato pedagógico como um ato político e diretivo; por isso mesmo, defendo e sempre defenderei a ideia de que, com base na sua cultura geral e literária e a partir de uma sensibilidade a respeito das necessidades dos seus alunos, o professor deve ser consultado e respeitado na hora de selecionar os textos para dinamizar a leitura na escola. Que a veneração aos lixos textuais seja feita fora dos espaços escolares! E também fora deste gozado cinema, conforme escrito por um personagem do poeta Ascenso Ferreira:

Cinema

– Mas, Dona Nina,
Aquilo que é o tal cinema?

O homem saiu atrás da moça,
Pega aqui, pega acolá,
Pega aqui, pega acolá,
Até que pegou-la
Pegou-la e sustentou-la!
Danou-lhe beijo,
Danou-lhe beijo,
Danou-lhe beijo!...

Depois entraram pra dentro dum quarto!
Fez-se aquela escuridão
E só se via lençol bulindo...

– Me diga uma coisa, Dona Nina:
isto presta pra moça ver?!...[5]

---

5   FERREIRA, Ascenso. Cinema. In: *Ascenso Ferreira por Chico Anysio*. Rio de Janeiro: Luz da Cidade Produções Artísticas Fonográficas Ltda., [s.d.]. v. 11. 1 CD. Faixa 31.(Coleção Poesia Falada).

A segunda história para nosso intervalo de cantoria vem de Ariano Suassuna, brasileiro da gema, a quem também presto a minha homenagem neste Cole. Nesses dias "macdonaldianos", em que a cultura brasileira vai se pulverizando sob a influência dos modos norte-americanoides de viver, precisamos muito das obras de Suassuna nas nossas cabeceiras, buscando conhecer as histórias que ele fantasiou, os seus posicionamentos como cidadão brasileiro e as extensas dimensões do seu amor pelo Brasil.

Segue-se um diálogo travado entre Clemente, um pseudoerudito da linguagem, e Quaderna, um homem do povo, curioso por conhecer o sentido das palavras. No fundo, o que parece estar em jogo neste trecho é o beletrismo inócuo em contraposição a uma visão direta das coisas do mundo, sem qualquer verniz linguístico.

A filosofia do penetral

Há muito tempo que eu desejava me instruir sobre aquela profunda filosofia Clementina, para me ajudar em meus logogrifos. Por isso, avancei:

– Clemente, esse nome de "penetral" é uma beleza! É bonito, difícil, esquisito, e, só por ele, a gente vê logo como sua filosofia é profunda e importante! O que é que quer dizer "penetral", heim?

Clemente, às vezes, deixava escapar "vulgaridades e plebeísmos" quando falava [...]. Naquele dia, indagado assim, respondeu:

– Olhe, Quaderna, o "penetral" é de lascar! Ou você tem "a intuição do penetral" ou não tem intuição de nada! Basta que eu lhe diga que "o penetral" é "a união do faraute com o insólito regalo", motivo pelo qual abarca o faraute, a quadra do deferido, o trebelho da justa, o rodopelo, o torvo torvelim e a subjunção da relápsia!

– Danou-se! – exclamei, entusiasmado. – O penetral é tudo isso, Clemente?

– Tudo isso e muito mais, Quaderna, porque o penetral é o "único-amplo"! Você sabe como é que "a centúria dos íncolas primeiros" (...) sai da "desconhecença" para a "sabença"?

– Sei não, Clemente! – confessei, envergonhado.

– Bem, então, para ir conhecendo logo o processo gavínico de conhecimento penetrálico, feche os olhos!

– Fechei! – disse eu, obedecendo.

– Agora, pense no mundo, no mundo que nos cerca!

– O mundo, o mundo... Pronto, pensei!

– Em que é que você está pensando?

– Estou pensando numa estrada, numas pedras, num bode, num pé de catingueira, numa onça, numa mulher nua, num pé de coroa-de-frade, no vento, na poeira, no cheiro do cumaru e num jumento trepando uma jumenta!

– Basta, pode abrir os olhos! Agora me diga uma coisa: o que é isto que você pensou?

– É o mundo![6]

Quanto à promoção da leitura nas escolas, creio que o maior desafio dos professores resida na reaproximação do cognitivo com o afetivo. Quero dizer: ensinar a ler e, ao mesmo tempo, ensinar a gostar de ler. Amarrar e amalgamar as dimensões afetivas e cognitivas da leitura a partir de uma didática rigorosa e prazerosa, de sedução e encantamento. Promover processos de "interfacilitação", fazendo que o gosto pela leitura, o amor pela escrita resulta da combinação dinâmica, recíproca e equilibrada dessas dimensões. Fazer que a passagem da "desconhecença" para a "sabença" seja gostosa, envolvente e impactante.

É chegado o momento de nós, professores, pensarmos menos em todos os meandros teóricos do processo de leitura e nos debruçarmos carinhosamente sobre as características do leitor de carne e osso que está sentado ali na sala de aula. Uma criança ou um jovem que temos por obrigação fazer entrar – e nunca mais sair – do círculo dos alfabetizados/letrados. Por estar tratando de entrada e participação no mundo da escrita, tenho que retomar aqui o conceito de "autoamplificação" em leitura. Esse conceito não é nada novo, mas ainda não foi devidamente incorporado por muitos professores, gerando desastres e descaminhos nas etapas educativas de formação dos leitores. A autoamplificação refere-se ao fato de que um mesmo texto, em função dos

---

6 SUASSUNA, Ariano. *Romance d'A Pedra do Reino e o príncipe do sangue do vai-e-volta.* Rio de Janeiro: José Olympio, 1971. p. 158-159.

elementos emocionais e cognitivos imbricados no momento da interação, sempre produz diferentes rumos e sentidos de leitura para dois ou mais leitores; aproveitar pedagogicamente esses vários rumos, adensando-os na discussão, gerando questionamentos e propondo novas sínteses a partir das amplificações pessoais é, para mim, uma das melhores didáticas para a formação de leitores maduros. O objetivo do professor não é dar ou reproduzir o sentido protocolar dos textos, mas sim construir e adensar sentidos a partir de um trabalho coletivo com toda a classe. Ao enfatizar os sentimentos e as emoções como os melhores disparadores de práticas de leitura, nada mais faço do que reiterar aquilo que muitos autores, de Rolland Barthes a Emilia Ferreiro a Paulo Freire, já afirmaram a respeito da eroticidade existente entre o leitor e os textos.

Antes de terminar essa nossa viagem e olhando retrospectivamente ao que pretendi para nós nessa festa viajeira, eu gostaria de trazer a vocês uma característica básica da linguagem escrita, conforme apresentada por Maurice Merleau-Ponty no livro *A prosa do mundo*.[7] Diz ele:

> Mas esta é a virtude da linguagem: é ela que nos lança ao que ela significa; ela se dissimula a nossos olhos por sua operação mesma; seu triunfo é apagar-se e dar-nos acesso, para além das palavras, ao próprio pensamento do autor, de tal modo que, retrospectivamente, acreditamos ter conversado com ele sem termos dito palavra alguma, de espírito a espírito. As palavras, ao perderem seu calor, recaem sobre a página como simples signos, e, justamente porque nos projetaram tão longe delas, parece-nos incrível que tantos pensamentos nos tenham vindo delas. No entanto, foram elas que nos falaram durante a leitura, quando, sustentadas pelo movimento de nosso olhar e de nosso desejo, mas também sustentando-o, reativando-o sem parar, formavam conosco a dupla do cego e do paralítico – pois elas existiam graças a nós, e graças a elas éramos antes fala do que linguagem, ao mesmo tempo a voz e seu eco.

---

7   MERLEAU-PONTY, Maurice. *A prosa do mundo*. São Paulo: Cosac Naify, 2002. p. 32.

Ao lembrar a sabedoria indígena do começo desta conversa, eu disse que os professores devem alimentar o seu lado dionisíaco de rebeldia e de conflito, deixando passar fome o cachorro bonzinho e obediente quando das lutas em prol da dignidade da sua profissão. Chego até a crer que, quando os professores forem objetivamente respeitados e dignificados, o Brasil certamente terá melhorado. Mas, retomando o que eu dizia, um tipo de conflito e uma rebeldia que não deixem de lado a alegria de existir, os prazeres da vida vividos nos momentos exatos de cada etapa da existência. Saber ler o tempo e a passagem da vida é sabedoria das mais profundas.

BIOGRAFIA DO AUTOR

EZEQUIEL THEODORO DA SILVA atua como professor colaborador-voluntário na Faculdade de Educação da Unicamp. Entre as funções mais importantes por ele exercidas, estão as de Secretário Municipal de Cultura, Esporte e Turismo de Campinas, Secretário Municipal de Educação de Campinas, Diretor-Executivo da Editora da Unicamp, Coordenador da Biblioteca "Joel Martins" e Presidente da Associação de Leitura do Brasil (ALB) por várias gestões. Produziu mais de 30 livros e centenas de artigos que tematizam, fundamentalmente, as práticas de leitura no território brasileiro. Atualmente, faz parte do Grupo de Pesquisa de Alfabetização, Leitura e Escrita (ALLE) da Faculdade de Educação da Unicamp. Também produziu os sites da ALB <http://www.alb.com.br/> e do Pescarte <http://www.pescarte.com.br/>, fazendo sua manutenção e atualização na Internet.

COLEÇÃO LEITURA E FORMAÇÃO

O jornal na vida do professor e no trabalho docente
Vários autores

Criticidade e Leitura
Ezequiel Theodoro da Silva

Literatura e pedagogia: ponto & contraponto
Regina Zilberman e Ezequiel Theodoro da Silva

Escola e leitura
Vários autores

Leituras aventureiras: por um pouco de prazer (de leitura) aos professores
Ezequiel Theodoro da Silva

Escritos sobre jornal e educação
Carmen Lozza

Leitura na escola
Vários autores

GRÁFICA PAYM
Tel. (011) 4392-3344
paym@terra.com.br